행복 디자이너 최윤희의
유쾌한 행복사전

행복 디자이너 최윤희의
유쾌한 행복사전

나무생각

프롤로그

행복, 만나본 사람 있으면 손들어보세요!

사람들에게 물어본다. 언제 가장 행복하세요?

사람마다 대답이 다 다르다. 먹고 싶은 거 실컷 먹을 때, 살이 빠져나가는 소리가 들릴 때, 연봉이 팍팍 오를 때, 승진했을 때, 여행할 때, 가족 모두 건강할 때…….

그렇다. 행복은 여러 가지 모습으로 우리를 찾아온다.

까르르 뒤집어지는 웃음으로, 빳빳한 돈으로, 기품 있는 명예로, 화려한 의상으로, 럭셔리한 아파트로, 삐까번쩍 자동차로, 희귀한 보석으로…… 짠~ 하고 나타난다. 그래서 우리를 좌지우지한다. 절대 권력으로, 마법의 에너지로 우리의 삶을 통째로 흔든다.

그렇게 막강 파워를 가진 행복이란 녀석, 그 녀석을 만나본 사람이 있을까? 세모꼴인지 네모꼴인지, 빨간색인지 파란색인지 만나서 악수도 하고 뽀뽀도 해본 사람이 있을까?

그런 사람은 아직까지 이 세상에 존재하지 않는다. 첨단 과학으로 기상천외한 미래를 살아갈 30세기 사람들도 결코 행복을 만나 볼 수는 없을 것이다. 행복은 눈에 보이지 않고, 손에 잡히지 않기 때문이다. 그렇게 어슴푸레한 행복, 추상명사인 행복을 만나볼 수는 없지만, 나는 행복을 만나기 위해서 어느 쪽으로 가야 하는지는 알고 있다!

감히 '행복 네비게이션'이라고 말할 수 있을까?

택시를 탈 때도 나는 '즉석 행복'을 만들어낸다. 놀면 뭐하나? 한순간이라도 쉬지 않고 행복을 제작 생산해야지. 택시에 앉으면 기사가 나에게 묻는다.

"어느 길로 갈까요?"

나는 대한민국을 통째로 소유한 재벌처럼 럭셔리하게 대답한다.

"전문가 맘대로 가주세요. 뉴욕을 통해서 가든지 평양을 통해서

······

가든지 저희 집만 데려다주시면 저는 오케이~ 랍니다! 아, 딱 한 가지 조건이 있어요. 길이 좋은 곳에서는 10대처럼 달려주세요. 골목길에서는 70대처럼 조심조심~"

그러면 기사는 껄껄 웃는다. 그 웃음을 통해서 우리는 막무가내로 행복해진다.

어느 날 오후에 만난 기사는 울적한 목소리로 말했다.

"사는 게 왜 이리 힘든지 모르겠어요. 요즘은 손님도 없고 되는 일이 없네요……."

그날 내가 간 곳은 기본요금 거리였다. 나는 만 원짜리 한 장을 내밀면서 이렇게 말했다.

"기사님, 제가 부자라면 다 드리고 싶은데 저도 살짝 서민이거든요. 그러니 거스름돈은 맘대로 내주세요. 행복할 만큼 가지세요."

그러자 그는 언제 슬펐냐는 듯 활짝 웃으며 나에게 물었다.
"정말 그렇게 해도 되는 거예요?"
그가 나에게 내민 것은 5천 원권 한 장. 그가 더 받은 돈은 고작해야 3,100원이다. 그러나 그는 3천만 원쯤 공짜 돈이 생긴 것처럼 흠뻑 웃었다. 나는 빌 게이츠가 아니라 지갑을 팡팡 털어내진 못하지만, 가슴을 솔솔 털어서 행복을 나눈다.
어느 날 광고회사에 다니는 후배가 나에게 말했다.
"100억 로또 당첨되면 나 이 짓 그만둘래요. 날마다 노예처럼 사는 짓 휙 내팽개치고 자유롭게 훨훨 돌아다닐래요!"
그러자 나는 깜짝 놀라면서 되물었다.
"아니, 아직도 100억이 없단 말이야?"
물론 나 역시 소시민이라는 것을 잘 알고 있는 후배는 한참동안 박장대소했다. 우중충한 현실을 박차고 치솟아오를 수 있는 '마

• • • • • •

음'만 있다면 우리는 누구나 '행복 발명가'가 될 수 있다.

평화주의자이며 인도의 성자인 마하트마 간디는 항상 이렇게 말했다고 한다.

"생각은 화려하게~ 생활은 검소하게~"

그의 인생 철학은 절박한 현실, 남루한 현실 속에서도 찬란한 '행복의 극대치'를 누리고 살았던 간디의 모습을 선명하게 증언해준다.

행복은 거창한 '초대형 블록버스터'가 아니다. 감옥의 쇠창살을 뚫고 나오는 죽기 살기 모험도 아니다. 생각만 살짝 비틀면 된다. 현실이 힘들수록 우리는 '각설탕의 초소형 행복'이라도 만들어가면서 살아야 한다.

내가 출연하는 라디오 프로그램에서 진행자가 나에게 물었다.

"무인도에 세 가지만 가지고 가라면 무엇을 가지고 가실래요?"

 나는 눈을 두 배로 확대 팽창시키면서 이렇게 대답했다.
 "우선 나무 그늘이 필요하지 않겠어요? 커다란 러시아 자작나무 숲을 가져갈래요. 그리고 영화를 보지 않으면 못 사니까 영화관 하나! 마지막 하나는 무얼 가져갈까? 음…… 남자친구를 한 명 데리고 가야지! 가수 '비'를 데리고 가면 로맨틱한 노래와 현란한 춤을 볼 수 있으니까 무지 행복할 것 같은데……. 에이, 그래도 나는 워낙 정숙한 사람. 남편을 30년 전으로 되돌려서 내가 반했던 그 모습 그대로 데리고 갈래요."
 그러자 진행자는 껄껄 웃었다.

 나는 아직까지 한 번도 행복을 만나본 적은 없다. 그러나 날마다 행복이란 녀석을 껴안고 뒹굴면서 격렬한 포옹을 한다. 어디 그것뿐인가? 찐한 입맞춤도 하면서 별의별 짓을 다 하고 산다.

● ● ● ● ● ●

새벽에 일어날 때마다 일단 '오~ 해피 데이!'를 부르짖는 나의 행복은 이렇게 별 것도 아닌 것으로부터 시작된다.
 브라보, 행복!

사람들은 간혹 내게 묻는다.
어쩌면 그렇게 좋은 사람들을 많이 만나시나요?
나는 오히려 반문한다.
눈을 크게 뜨고 찾아본 적 있으세요?

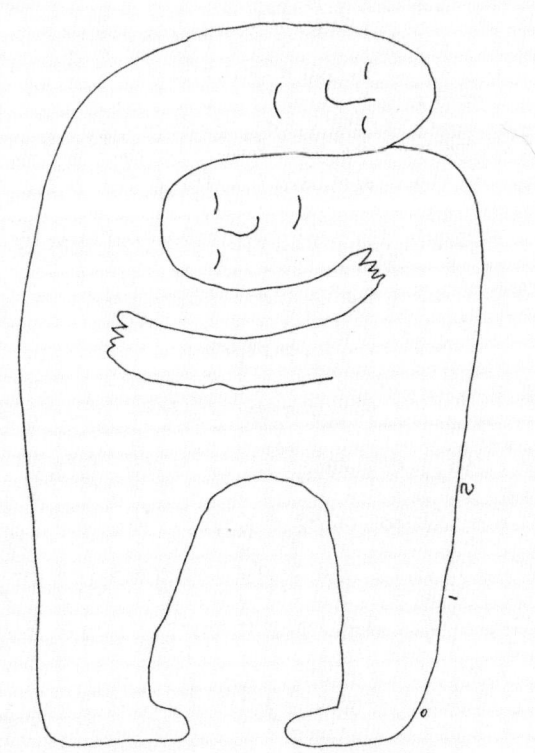

1
희망의 스위치

컴컴한 방이 있다.
커튼이 드리워져 있고 불도 켜 있지 않다.
거의 죽어 있는 방이다.
그런데 누군가 스위치 하나만 찰칵! 올려준다면
그 방은 거짓말처럼 살아난다.
환하게 빛난다.
사람의 가슴도 똑같다.
살다보면 우리를 찾아오는 무수한 절망들,
포기하고 싶은 순간들······
그 순간 가슴속 방은 컴컴한 어둠에 빠지는 것이다.
바로 그 순간 빨리 '희망의 스위치'를 올리자. 찰칵!

2
인생

똑같은 소금도 대상에 따라 효과는 완전히 달라진다.
미역에 뿌리면 팔팔 살아나고,
배추에 뿌리면 시들시들 죽어버린다.
똑같은 바람도 배에 따라 결과가 완전히 다르다.
어떤 배는 바람이 불수록 쾌속 항진
또 어떤 배는 바람만 불면 바다 밑으로 완전 침몰해버린다.
인생도 마찬가지다.
즐겁게 사는 사람에겐 즐거울 낙樂,
불평하며 사는 사람에겐 괴로울 고苦.

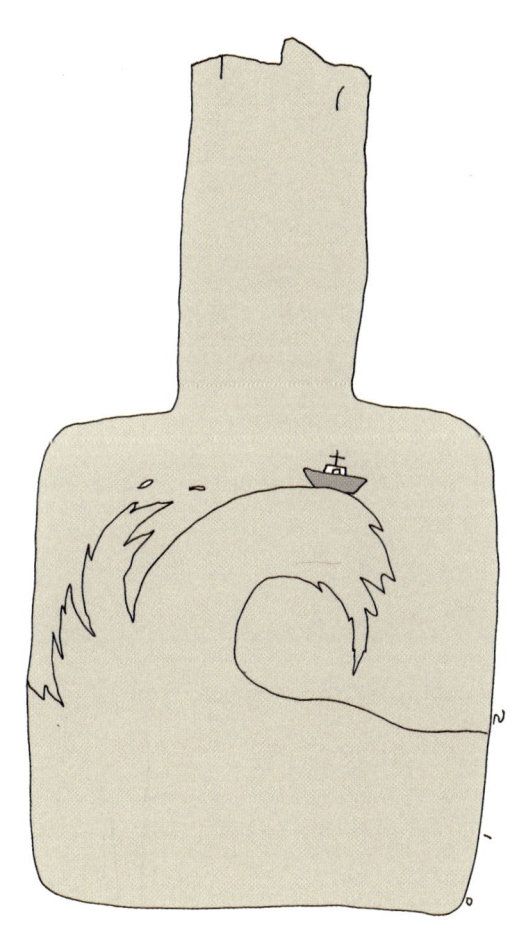

3
여 행

내가 제일 좋아하는 여행은 딱 2가지다.

다른 사람 만나기······

자기 자신 바라보기······

나에게 사람은 가장 흥미로운 '신대륙'이다.

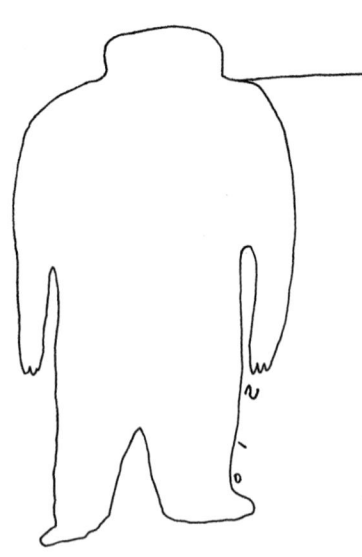

4
사람

사람은 포털 사이트.

어디를 '클릭' 해도 재미있는 이야기가

와르르~ 쏟아져 나온다.

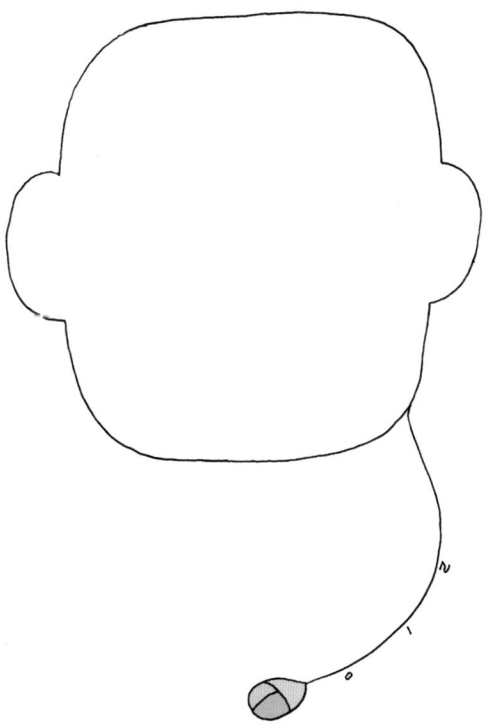

5
여자

남자는 천 명, 만 명이 있어도 여자 하나 만들지 못한다.
여자는 한 명만 있어도 남자를 20명도 만들 수 있다.
해마다 남자 쌍둥이를 낳는다면 무려 30명 이상도 만들 수 있다.
위대한 여자 만세!

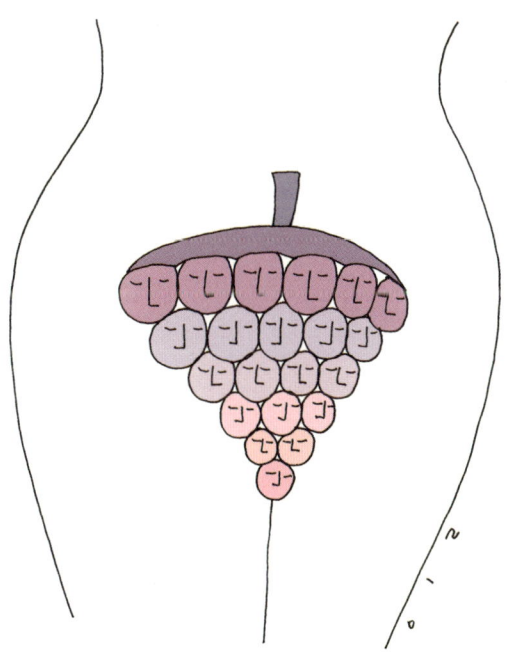

6
그리움

가슴속 별채.

1
나이

주민등록증에 적힌 나이는 호적상에서나 유효하다.
진짜 나이는 어떤 생각을 하고 어떤 행동을 하느냐?
그것이 결정한다.
존 글렌은 77세의 고령에도 불구하고
스스로를 시험하기 위해 우주여행에 도전했다.
멋지게 여행을 마치고 돌아온 그는 이렇게 말했다.
달력 나이는 집어치워라! 내 나이는 내가 만든다!
77세의 존 글렌은 언제나 파란색 청춘.

8
조건

우리가 가지고 태어난 '조건'은 내 탓이 아니다.
내가 책임질 필요가 없다.
우리가 책임질 것은 오직 한 가지뿐이다.
날마다 100퍼센트 최선을 다 하고 사는가?
대충대충, 적당적당, 비틀비틀 사는가?
그것이 바로 인생의 '행복'을 결정한다.

9
유통 기간

얼굴의 유통 기간은 30분도 채 안 된다.
어묵은 일주일, 통조림은 최소한 일 년은 간다.
30분도 안 되는 얼굴만 보고 섣불리 판단하지 말자.
딱 한 번, 그것도 몇 시간 만나보고
어찌 그 사람의 '광활한 영혼'을 판단할 수 있겠는가?

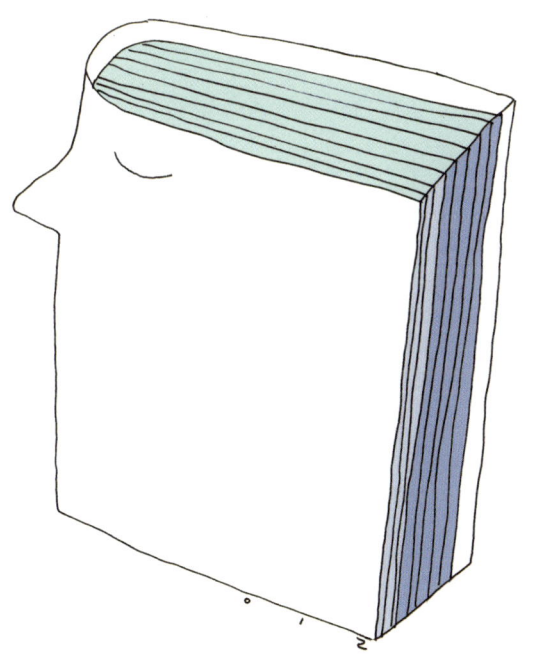

10
자기 시간

간디는 일주일 중 하루를 침묵의 날로 정하고
그 날은 한 마디도 하지 않았다.
우리도 하루쯤은 자신의 날로 선포하자.
시간을 낼 수 없다면 일주일에 두 시간이라도!
친구에게 편지를 쓰거나 영화를 보거나
잠을 실컷 자거나 수다를 떨거나.
상징적으로라도 그 시간만큼은
나의 시간이라는 것을 스스로에게 선포해야 한다.
비록 두 시간의 해방일지라도 그 맛은
초콜릿처럼 달콤하고 아이스크림처럼 섹시하다.

11
사 랑

최후의 한 방울까지 너에게 가는 것!

12
세트 상품

이 세상에 허구한 날 행복한 사람은 없다.
행복과 불행은 일란성 쌍둥이.
항상 붙어 다니는 '세트 상품'이다.
아무리 행복한 사람도 슬픈 일이 있게 마련이고
아무리 불행한 사람도 행복한 일이 있게 마련이다.
어느 쪽을 바라보고 사느냐,
그것이 행복과 불행을 결정한다.

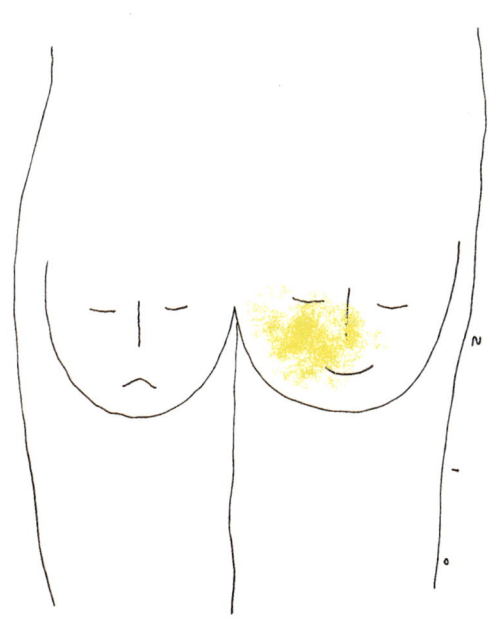

13
드라마

기쁘면 웃고 슬프면 울고······
그렇게 쉬운 짓을 누가 못해?
슬퍼도 웃을 줄 알아야 정말 행복할 자격이 있는 것.
사람 관계도 마찬가지다.
이쁜 사람 이뻐하고 미운 사람 미워하는 거 누가 못해?
미운 사람을 이뻐할 줄 알아야 '드라마'가 생기는 것.

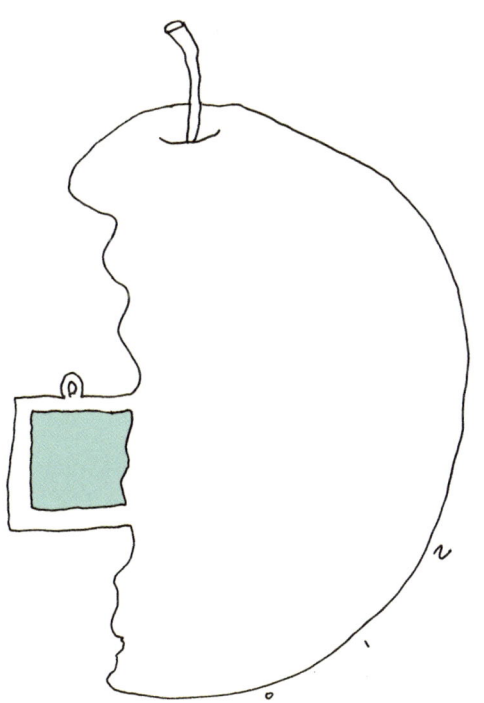

14
칭찬

칭찬은 돈도 들지 않고 부작용도 전혀 없다.
부작용은커녕 듣는 사람, 하는 사람 모두 다 기분 좋다.
곁에 있는 사람 기분까지 '풀 오토매틱'으로 좋아진다.

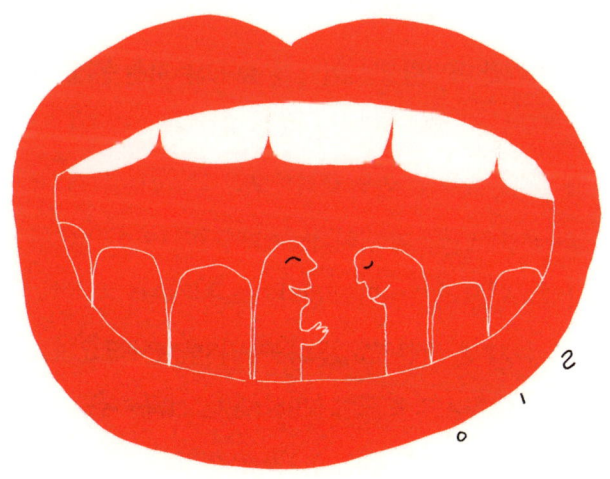

15
사흘

헬렌 켈러의 평생 소원이 무엇이었는지 아는가?
딱 사흘 간만 볼 수 있다면!
한번 생각해보라.
우리는 딱 사흘이 아니라
우리가 어떻게 관리하느냐에 따라
평생 잘 볼 수 있는 눈이 있지 않은가?
그런데도 불구하고 어찌하여 그토록이나
불평할 것이 바다처럼 출렁대고
투덜댈 것이 산처럼 쌓여 있는가?

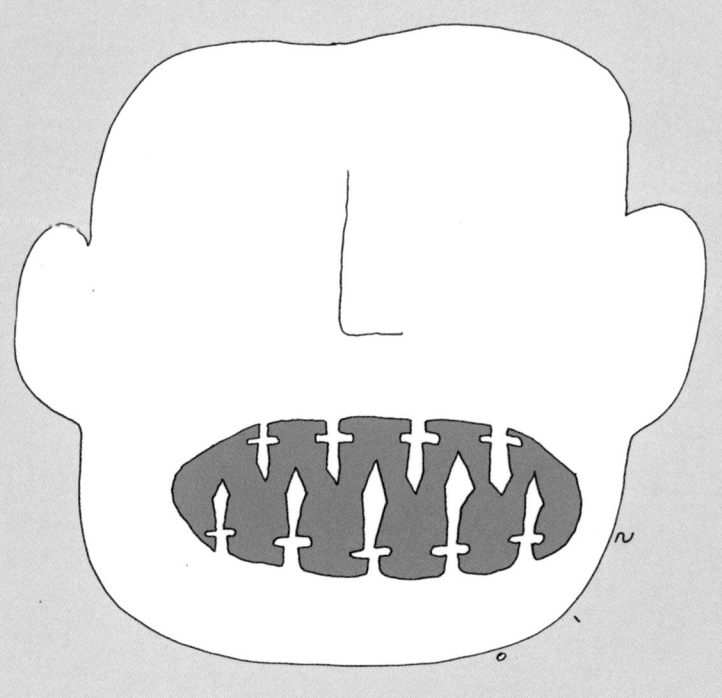

16
마음의 라식 수술

눈이 잘 안 보이던 사람도
라식 수술을 하고 나면 선명하게 다 보인다.
'마음의 라식 수술'을 하고 나면
그동안 잘 안 보이던 행복이 선명하게 다 보인다.

17
희망

심리학자들은 말한다.
빛이 없는 캄캄한 방에 가둔 쥐는 사흘 만에 죽지만,
문을 1센티미터라도 열어놓아 빛이 들어올 때
쥐는 그 3배를 견뎌낸다고.
그 이유는 무엇일까?
대답은 간단하다. 희망 때문이다.
빵 없이는 살아도 희망 없이는 못 산다.
희망은 최고의 항암제!

18
1, 2, 3 원칙

대화의 기술엔 1, 2, 3 원칙이 있다.
1분은 말하고,
2분은 듣고,
3분은 맞장구를 쳐주는 것이다.

19
결혼

몽테뉴는 의미심장한 말을 한 바 있다.
"결혼이란 3개월 사랑하고 3년 싸우고 30년 참는 것이다.
그래서 결혼은 새장과도 같다.
밖에 있는 새들은 안으로 들어오려 하고,
안에 있는 새들은 밖으로 나가려 한다."
수십 년 동안 전혀 모른 채 살던 사람들이
어느 날 갑자기 한 이불 덮고 한솥밥을 먹는데
갈등이 없다는 것은 말도 안 된다.
갈등과 의견 대립은 당연한 세금 납부. 기본 메뉴다!

20
가장 어리석은 사람

이 세상에서 가장 어리석은 사람은 두 사람이다.
파랑새를 잡으러 떠난 소년과 무지개를 찾아 떠난 소녀.
파랑새나 무지개는 저 먼 곳에 있는 것이 아니라
바로 내 곁에 있다.
왜 바보처럼 멀리 찾아가는가!

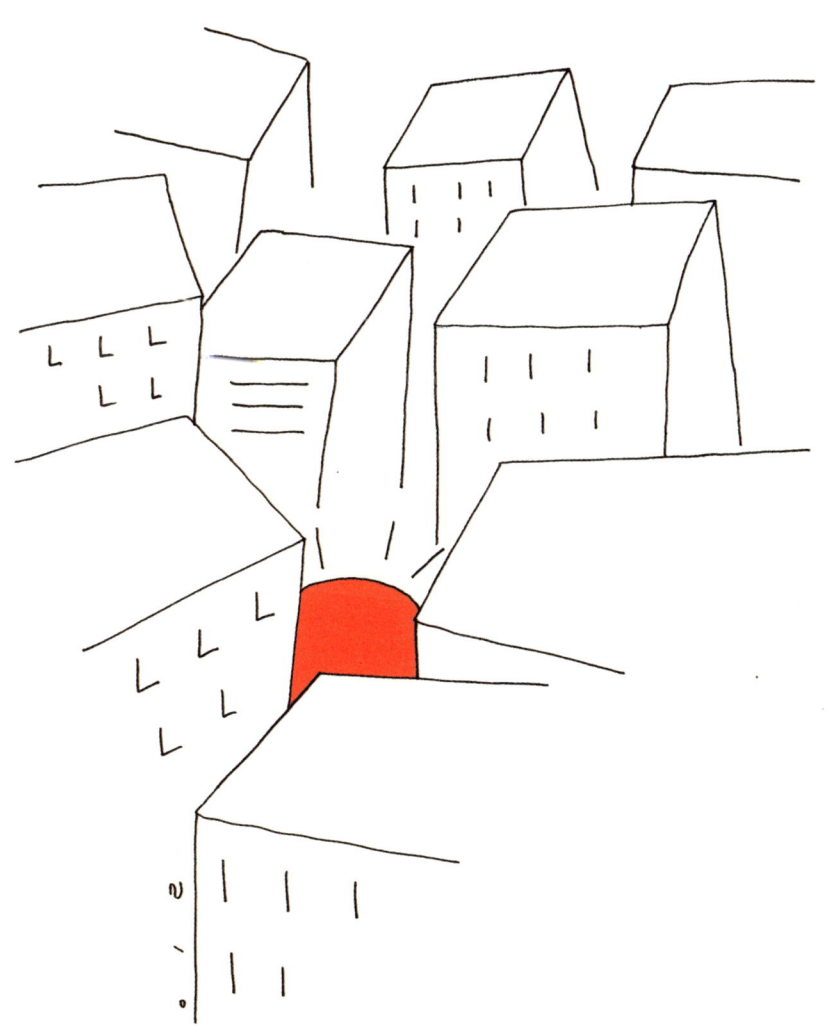

21
가장 불쌍한 사람

다른 사람을 위해서
단 한 번도 눈물 흘려보지 못한 사람.

22
가장 삭막한 사람

평생 · · · · · ·
사랑 한 번 해보지 못한 사람.

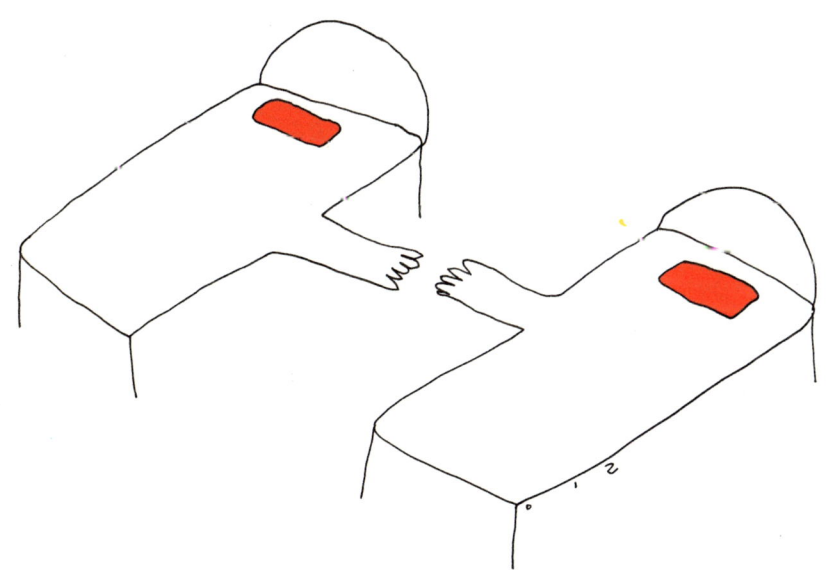

23
가장 한심한 사람

평생······
한 번도 실연당하지 않았다고 큰소리치는 사람.

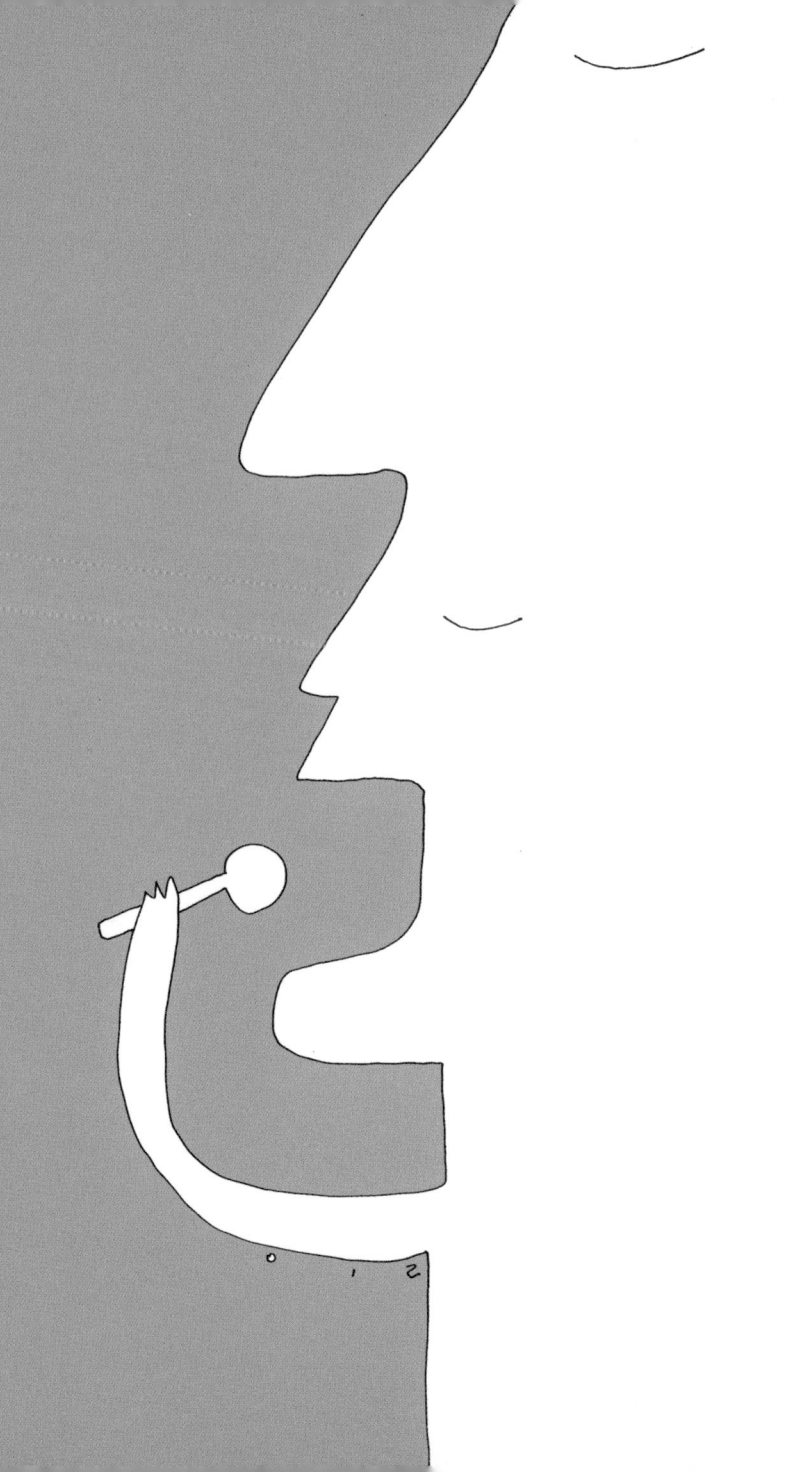

24
죄

이 시대
무식한 것, 가난한 것, 못생긴 것은 죄가 아니다.
죄는 딱 하나, 열심히 살지 않는 것!

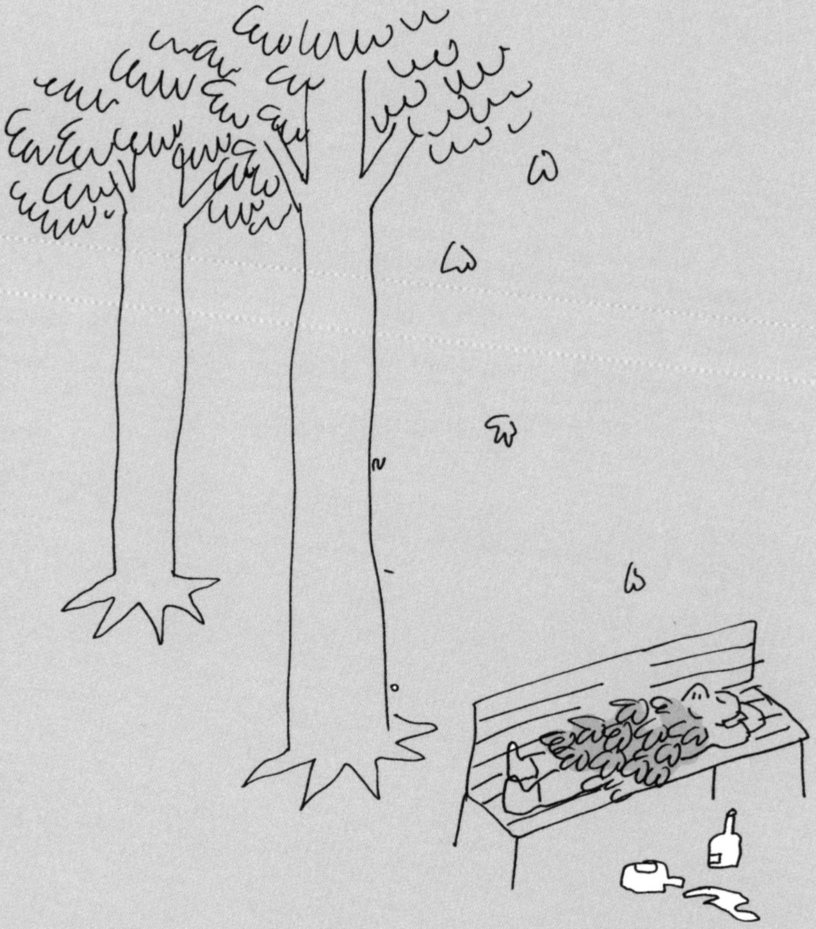

25
아이디어

세상의 모든 획기적인 아이디어는 '모자람'에서 나왔다.
'Less is more.'
넘치는 것보다는 없는 것, 부족한 것이
때로는 더 나은 결과를 가져올 때가 있다.

26
절대 고독

인생에 정답은 없다.
누가 제대로 살고 있는지, 누가 엉터리로 살고 있는지
점수를 매겨줄 사람도 없다.
모든 것은 스스로,
자기 자신이 선택하고 결정해야 한다.
그것이 인간의 절대 고독이다.

27
배짱

얼짱, 몸짱, 춤짱······
이 시대가 제아무리 짱짱 시대라고 해도 최고의 짱은 배짱!
자신의 인생을 소신 있게 살아가는 멋진 배짱은
보는 사람까지 기분이 상쾌해진다.

28
행복 철학

가슴이 미어질수록 웃어삐리자!
이것이 '행복 철학'이다.

29
거짓말

살다보면 거짓말도 반드시 필요하다.
남을 배려하기 위한 거짓말,
남을 도와주기 위한 거짓말,
남에게 용기를 주기 위한 거짓말······
거짓말도 때로는 아주 유효한 인생의 비타민!

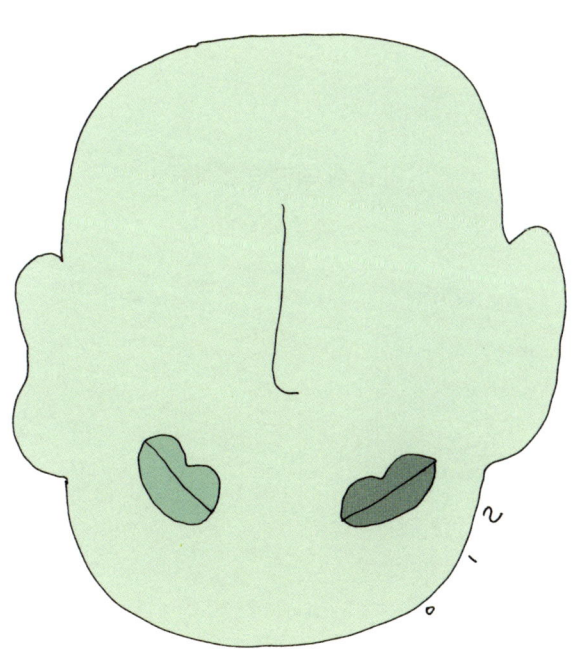

30
종 교

이 시대 최고의 종교는?
'웃음'이다!

31
보 장

돈 많은 사람과 결혼하면
3년의 행복이 보장되고,
가슴이 따뜻한 사람과 결혼하면
평생의 행복이 보장된다.

32
원경

눈, 비 그리고 사람······
이 3가지는
멀리 '원경'으로 바라봐야 아름답다.

33
정말 중요한 것

폼 잡지 말고 거짓 없이 살아야 한다는 것,
자기가 맡은 일은 완벽하게 해내야 한다는 것,
남을 괴롭히면 언젠가는 자기도 힘들어진다는 것.
이런 걸 아는 것이 폼 잡는 일보다 훨씬 더 중요하다.

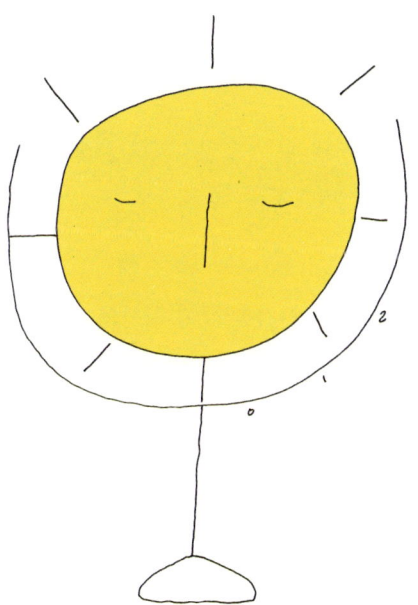

34
인기 대학

이 시대 최고의 인기 대학은 2개다.
박박 우겨 '대'.
으아으아 들이 '대'.
그러나 이 인기 대학에 입학하기 위해서
성실과 진실은 필수다.

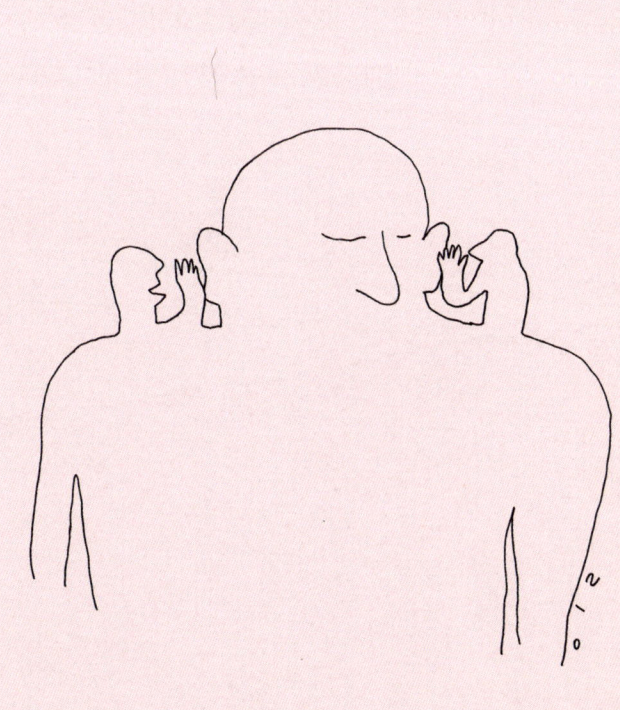

35
필수품

우리 몸에 제일 중요한 것은 뼈다귀!
우리 마음에 제일 중요한 것은 깡다구!
이 2가지 필수품은 꼭 '휴대' 하고 다니자.

36
오르지 못할 나무

오르지 못할 나무는 쳐다보지도 말아라?
하이고 말도 안 된다!
오르지 못할 나무일수록 째려보다가 '기어코' 올라가야 한다.

37
맨발의 행복

날마다 맨발로 산에 오른다.
내 몸무게보다 더 무거운 삶의 고뇌들을 벗어던지고
나풀나풀^^ 맨발로 산에 오른다.
아······ 지고지순한 기쁨, 막무가내 해방감.
부드러운 혀를 가진 흙들이 입맞춤하자며 입술을 내민다.
세상에서 가장 순결한 키스.
행복의 꼭지점↑.

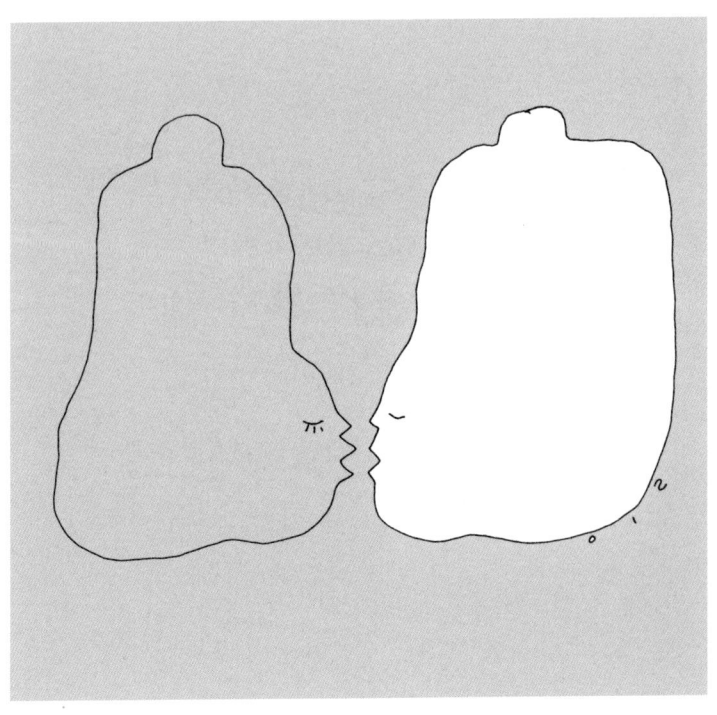

38
리콜과 리필

인기 품목으로 '리필' 될 것인가?
반품되고 거부되는 '리콜'이 될 것인가?
그것은 전적으로 자기 자신에게 달려 있다.

39
성공

성공에는 반드시 이유가 있다.
어느 날 갑자기 UFO처럼 나타난 당신도
알고보면 피나는 훈련의 결과물이다.

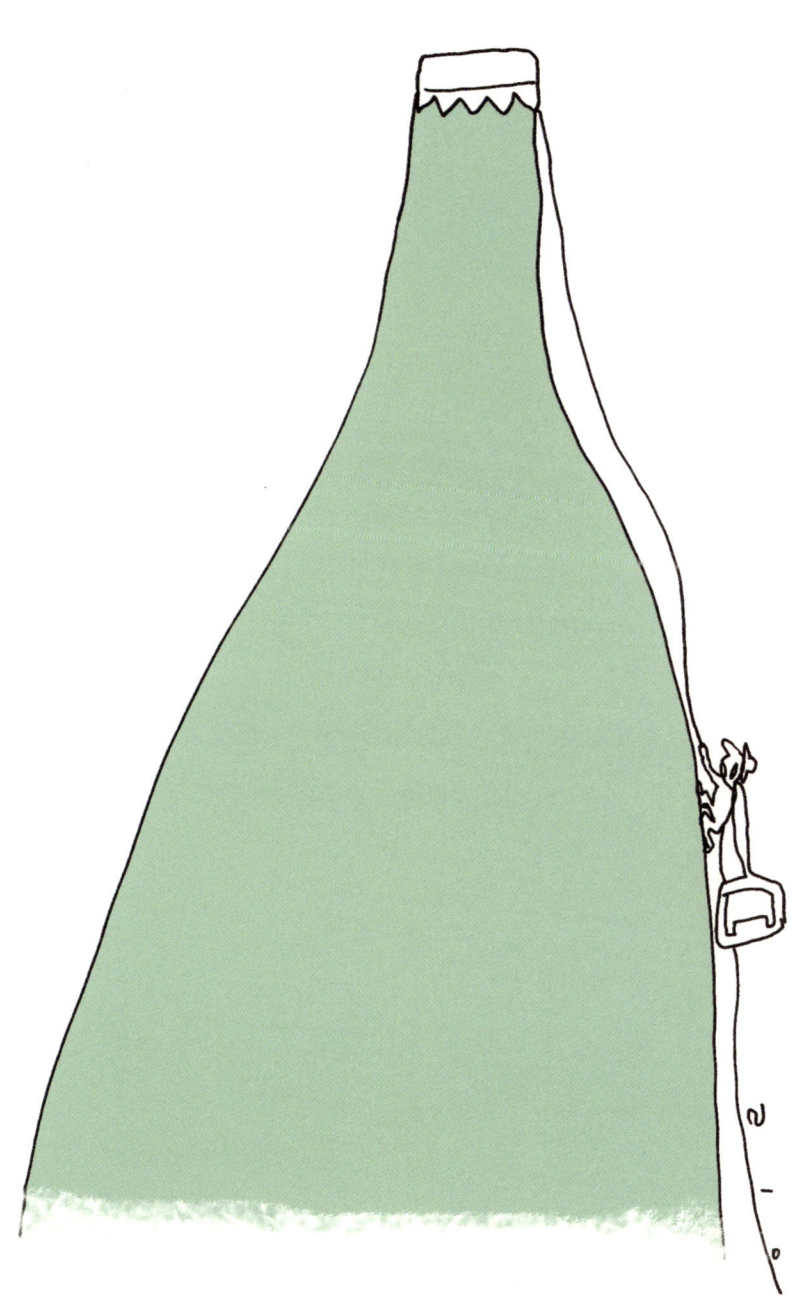

40
특별 자격증

당신은?

열망하는 그 무엇을 위하여

자신을 100퍼센트 투신한 적이 단 한 번이라도 있는가?

100퍼센트 투신, 그것은 무서운 집중이다.

뜨거운 몰입이다.

그 100퍼센트의 뜨거움으로 살아갈 수만 있다면

우리는 별 5개짜리 행복을 보장하는 '특별 자격증'을 딸 수 있다.

41
인생의 3형제

못난이 3형제 — 후회, 걱정, 포기
이쁜이 3형제 — 희망, 웃음, 노력

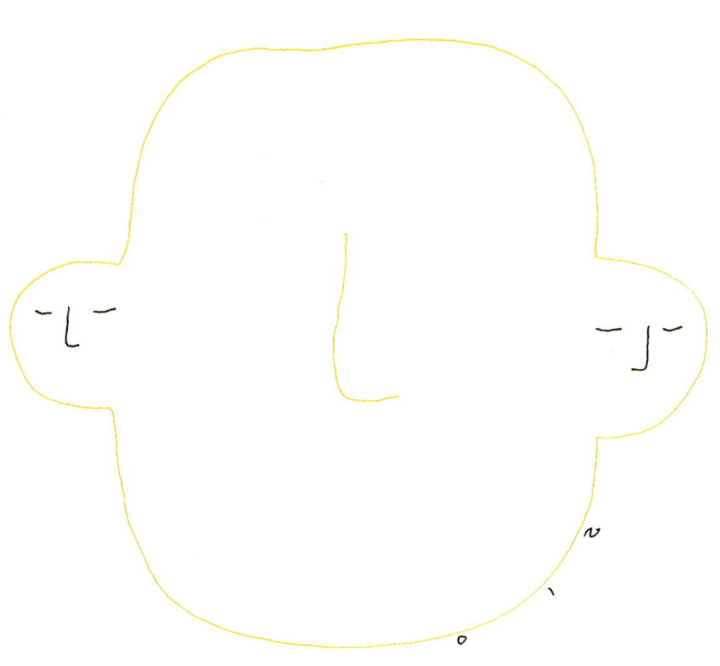

42
6Q

이 시대에 필요한 것은 6Q다.

IQ(지능지수), EQ(감성지수), SQ(사회지수),

MQ(도덕지수), GQ(세계화지수), CQ(변화지수).

그 중에서도 가장 필요한 것은 CQ!

우리는 날마다 끊임없이 '진화'하고 '변화'해야 한다.

43
화살

운명은 뒤에서 날아오는 화살이다.
그러나 팔자는 앞에서 날아오는 화살이다.
모든 것이 팔자라고 말하는 사람들,
그렇게 말하며 체념하는 사람들······
앞에서 날아오는 화살은 얼마든지 피할 수 있다.

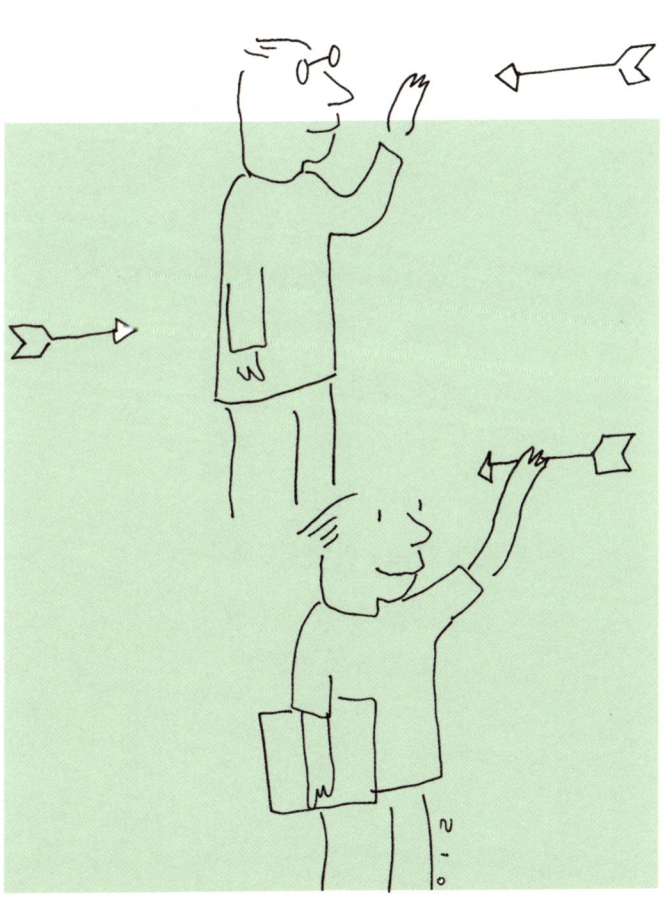

실패

실패하는 사람들의 7가지 습관은 다음과 같다.

1. 목표가 없다.
2. 쉽게 포기한다.
3. 시간 운영을 잘 못한다.
4. 비관적이다.
5. 인간 관계에 반드시 문제가 있다.
6. 일확천금을 꿈꾼다.
7. 잘 웃지 않는다.

45
마음

모든 것은 마음에 달렸다.
절망으로 갈 수도 있고, 희망으로 갈 수도 있다.
마음만 '하나'가 된다면
서로의 목적만 똑같다면!
무엇이 불가능할까?

46
기 회

기회는 어느 날 갑자기 찾아오는 불심 검문이 아니다.
천둥 번개도 아니다.
내가 만들고, 내가 붙들고, 내가 찾아가는 것이다.

47
마법의 버튼

우리들 마음속에는 누구나 '마법의 버튼'이 장착돼 있다.
지옥도 천국이 될 수 있고
고통도 기쁨이 될 수 있다.
우리가 시시때때로 마법의 버튼만 눌러준다면!

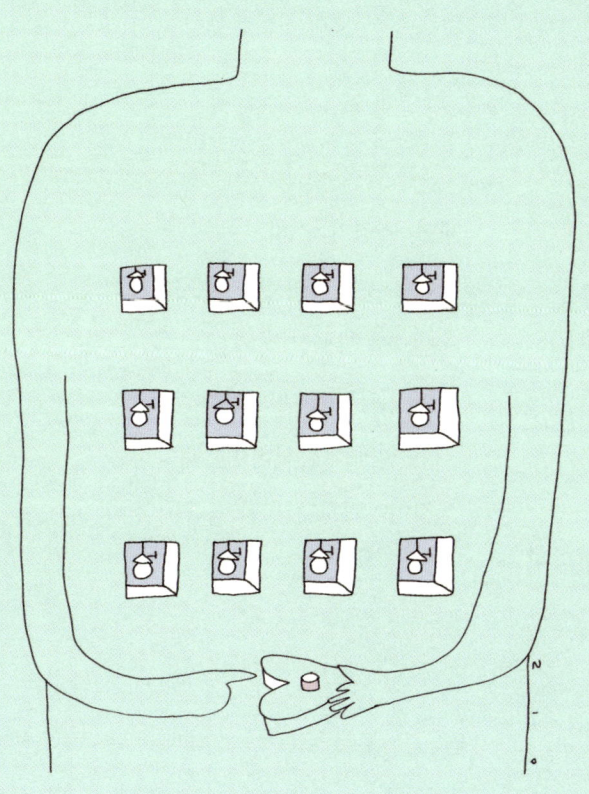

48
성공

재벌, 권력가, 스타······
빛나는 스포트라이트를 받는다 해서
반드시 성공한 것은 아니다.
별 것 아닌 일에도 깔깔껄껄,
작은 일에도 감사하며 사는 것.
그것이야말로 진정한 성공이다.

49
신용불량자

중요한 것은 겉이 아니라 속,
포장이 아니라 내용물이다.
신용불량자가 되지 않는 법은 간단명료하다.
자기 인생의 '주인공'이 되어 사는 것!
남의 눈치 보느라고 허세 부리지 않고
가난해도 빛나게, 당당하게 사는 것이다.

50
부도

살면서 가장 무서운 것은
사랑 부도, 희망 부도, 용기 부도이다.
경제 부도 그 까짓것 쯤이야!

51
행복의 지름길

나는 사랑 하나에 목숨 걸고 결혼했다가
된통 혼쭐이 난 쓰라린 과거가 있다.
그래도 역시 사랑은 '무조건'이어야 한다!
물론 조건이 최악이면 인생의 지름길은
쉽게, 빨리 나타나지 않는다.
꼬불꼬불 오솔길을 허걱허걱 넘어가야 한다.
그래서 힘은 들고 숨은 차겠지만,
그것이 곧 행복의 지름길!

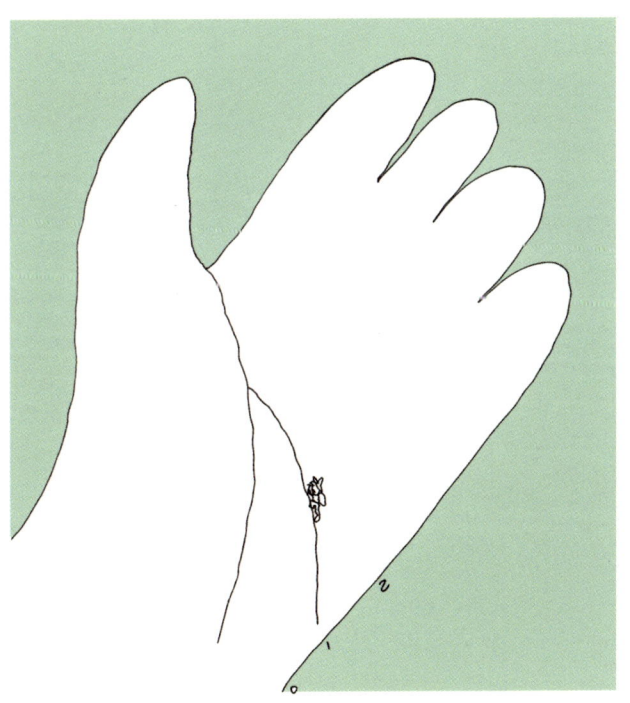

52
배 려

인생을 행복하게 사는 비결은 상대방을 배려해주는 것이다.
"니가 행복해야 나도 행복해!"
이것이 찰랑찰랑한 '부자 마음'이다.

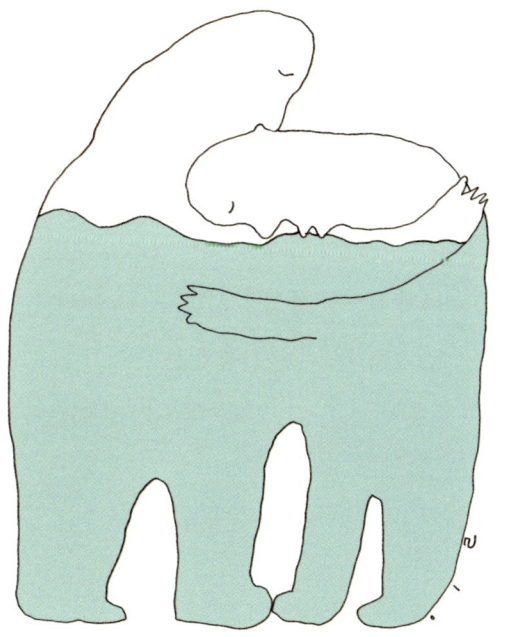

53
오드리 헵번

아름다운 입술을 가지고 싶으면 친절한 말을 하라.
사랑스런 눈을 갖고 싶으면 사람들에게서 좋은 점을 봐라.
날씬한 몸매를 갖고 싶으면
너의 음식을 배고픈 사람과 나누어라.
한 손은 너 자신을 돕는 손이고
다른 한 손은 다른 사람을 돕는 손이다.

54
저울

우리에겐 2개의 저울이 있다.
다른 사람에게 내가 준 것만 기억하는 '준' 저울,
그리고 받은 것만을 기억하는 '받은' 저울.
그런데 우리들은 '받은' 저울은 거의 기억하지 못하고
'준' 저울만 기억하기 쉽다.

55
적극적인 사랑

잘못된 것을 그냥 내버려두는 것은
소극적인 사랑,
잘못된 것을 바로잡아주는 것이
보다 더 적극적인 사랑.

56
웃음

웃음은 사람의 가슴을 여는 최고의 열쇠!
그리고 무시무시한 경계도 단박에 무너뜨리는
'특급 비자'와도 같은 효력을 가졌다.

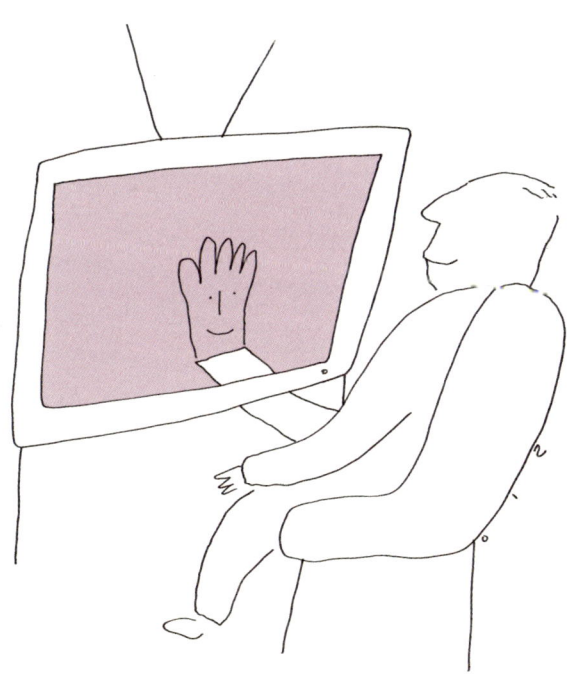

57
행복은 셀프

세계 최고의 재벌이 유명 백화점에 갔다.
"행복 1000억 원어치만 주시오!"
과연 그는 행복을 살 수 있을까?
대답은 천만에!
행복은 돈이 없어도, 남 보기엔 불행해도 스스로 만들 수 있다.
그래서 행복은 위대한 셀프다.

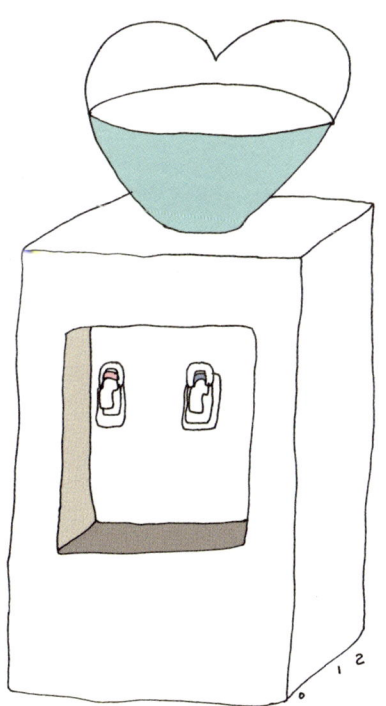

58
마감 시간

괜스레 슬퍼질 때, 걱정이 나를 휩쌀 때 '마감 시간'을 정하자.
그래야 빨리 그 감정에서 빠져나올 수 있다.
'빠진다'라는 단어는 '사랑에 빠진다'라고 할 때만
궁합이 가장 잘 어울린다.
술에 빠진다, 마약에 빠진다, 슬픔에 빠진다,
고민에 빠진다······
모두 다 우리를 암울하게 하는 안티 궁합이다.
걱정도 마감 시간을 정하라.
걱정의 마감 시간은 딱 1초면 충분하다.

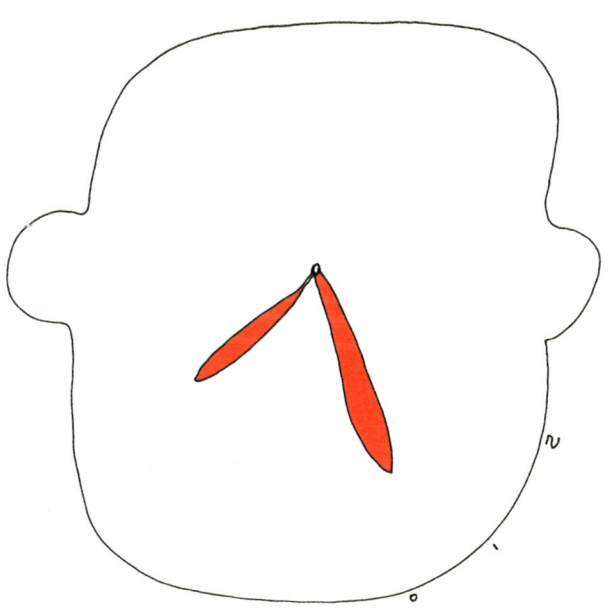

59
2인분의 인생

전국의 부부들이여.
아내가 나와 다르다고,
남편이 나와 다르다고 째려보지 말자.
오히려 나와 다른 것이 행운 아닌가?
만약 나와 너무도 똑같다면
'1인분의 인생' 밖엔 경험할 수 없다.
그러나 전혀 다른 사람을 만났기에
오히려 색다른 인생을 경험하고 살 수 있는 것.

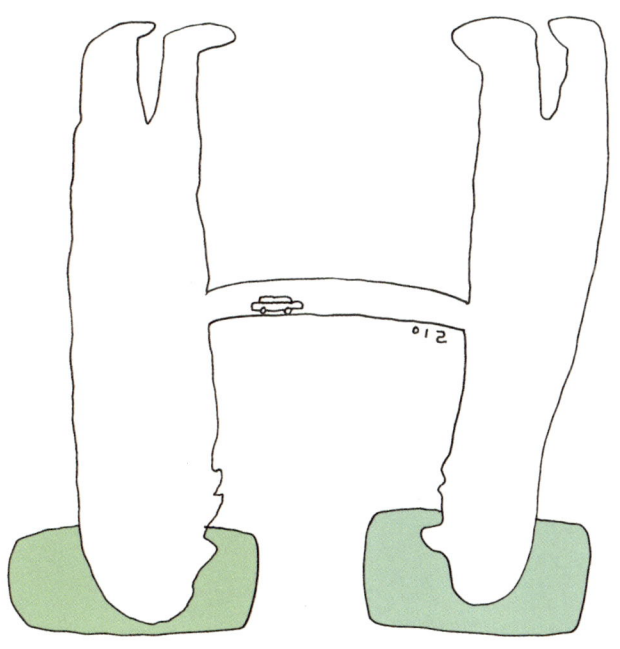

60
자신감

우리가 스스로에게 "넌 틀렸어. 이젠 끝났어!"라고
자괴감, 비하감을 줄 때
우리는 실제 가진 능력의 30퍼센트도 발휘할 수 없다.
반대로 "넌 할 수 있어! 넌 특별한 사람이야!
저 사람은 하는데 왜 니가 못해?"라고 자신감을 줄 때
우리는 무려 능력의 500퍼센트까지 발휘할 수 있다.

61
딱 한 번 더!

몽블랑 등반 도중 동상으로 두 팔, 두 다리를 모두 잃은
네덜란드 청년이 있다. 그는 31세의 젊은이.
2년 후 그는 나무로 다리와 팔을 만들어 마침내 정상에 올랐다.
기자들과 인터뷰하며 그가 말했다.
"순간순간 포기하고 싶었습니다.
그러나 그 포기하고 싶은 순간마다 딱 한 번씩만 더 참아냈지요."
그 딱! 한 번이 그를 구출해낸 것이다.
절망에서 희망으로! 슬픔에서 기쁨으로!

62
이름

부모님이 지어주신 이름 외에도
우리는 또 하나의 이름을 가질 필요가 있다.
시대에 맞는 이름을 하나씩 갖자.
예를 들어 체인지(change) 변화.
변화라는 이름을 가지고 살다보면 어쩔 수 없이 변해야 한다.
힘든 일, 하기 싫은 일에 부딪힐 때 나는 마음을 다잡게 된다.
그래, 내 이름은 변화야. 무얼 두려워해?
한번 도전해보는 거야!

63
부모

우리나라 부모들은 완벽한 맞춤 서비스맨이 되어주려고 애쓴다.

그것은 자식을 도와주는 것이 아니라,

자식의 앞길을 망치는 결과를 가져올 뿐이다.

이 세상은 헤쳐나가야 할 일들이 너무나 많다.

어려서부터 훈련을 시켜야 한다.

부모가 자식을 키우는 데 필요한 4가지 요소는 4L.

사랑(Love),

한계설정(Limits),

정신적 이별과 독립(Let Them Go),

느슨한 간섭(Loose Integration)이다.

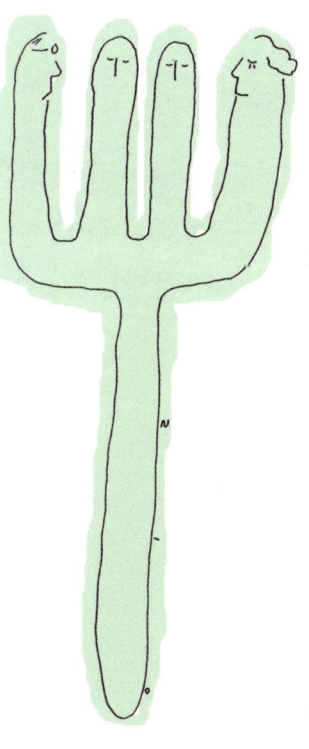

64
단 맛

칡뿌리를 씹어본 사람은 안다.
처음엔 쓸쓸하지만 오래오래 씹을수록 묻어나는
그 단맛의 감미로움, 잊혀지지 않는 음악 같은 맛······
인생의 고통도 씹으면 씹을수록 단맛이 나는 칡뿌리 같은 것.

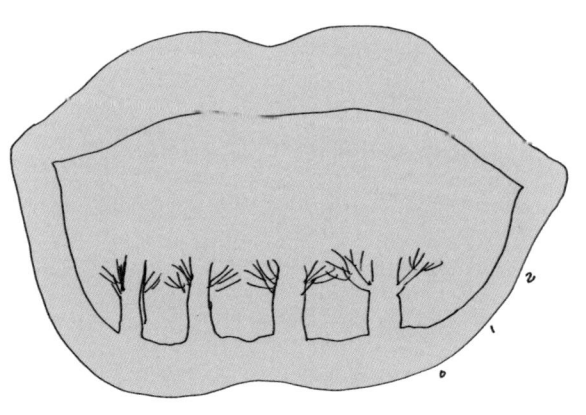

65
보디가드

나는 힘든 상황에 부딪힐 때마다 하느님께 맡겨버린다.
그 순간 내게는 나 이상의 '힘'이 생겨난다.
그것은 분명 하느님이 내게 보내주시는
응원군의 힘이 합쳐진 것이다.
내가 최대 에너지 10을 낼 수 있다면,
하느님이 보내주시는 응원군의 에너지는 무한대다.
이 기막힌 횡재를 어찌 포기하겠는가?
하느님을 보디가드로 정하는 것.
시한부 생명, 유한한 능력을 가진 우리에게
그 이상의 횡재는 없다.

66
통장

우리에게 중요한 것은 적금통장이 아니라 '적심통장' 이다.
오늘 나는 얼마나 많은 땀을 흘리고 살았을까? 땀통장.
오늘 나는 얼마나 많은 사람들을 이해하고 살았을까? 이해의 통장.
오늘 나는 얼마나 나 자신을 뛰어넘었을까? 극기의 통장.
사랑의 통장, 웃음의 통장, 용서의 통장, 봉사의 통장,
기쁨의 통장, 감사의 통장, 인내의 통장······
적금통장은 돈 없이 만들 수 없다.
그러나 우리의 마음을 담아 쌓아두는 적심통장은
돈 없이도 얼마든지 만들 수 있다.

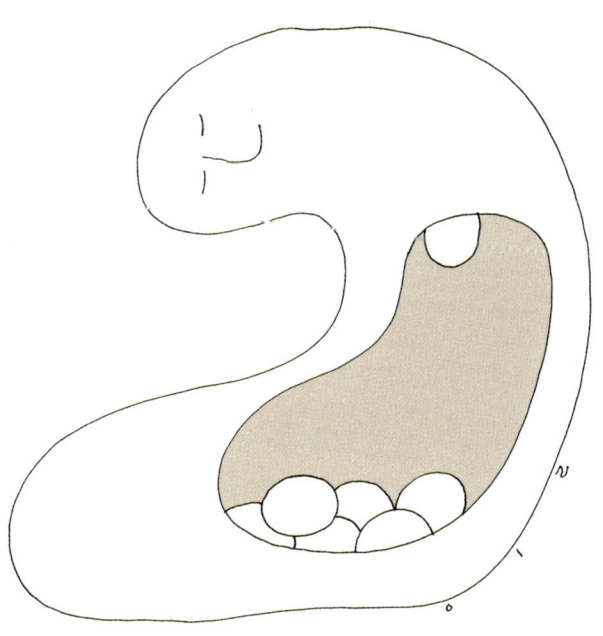

67
두레박

우리를 끝없이 괴롭히는 탐욕들······
탐욕의 강물에 빠져 허우적거릴 때
빨리 '두레박'으로 자신을 건져 올려야 한다.
자기 절제의 두레박은 자기 경고의 효과도 지니고 있다.
그래서 행복한 인생 여행에 두레박은 필수품이다.

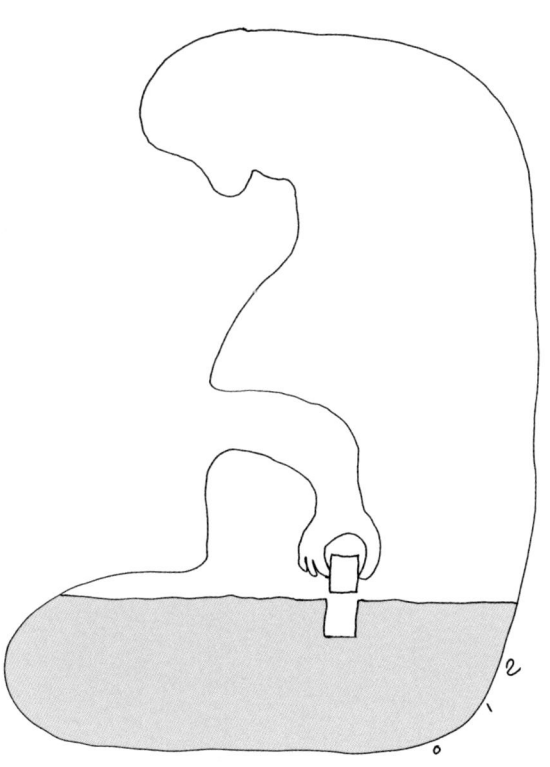

68
이 해

사랑은 give & take 지만 이해하는 것은 'under + stand'.
다른 사람보다 아래 내려가 '서' 있는 것.
남보다 더 낮은 곳에 자기를 세우는 것.
사랑보다 이해가 한 차원 더 승화된 감정이다.

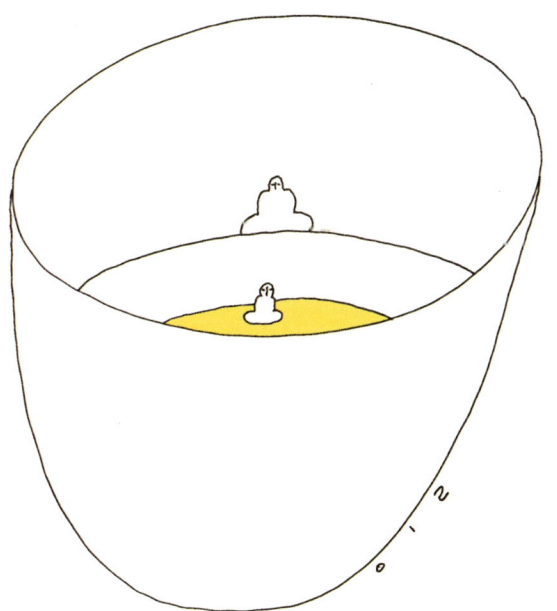

69
생방송

인생은 생방송. NG가 없다. 리허설이 없다. 왕복 티켓도 없다. 모든 순간이 최초이자 최후의 시간이다.

딱 한 번!

70
징크스

미국의 종교학자 C. 앨리스는 이렇게 말했다.
"우리는 인생의 대부분을 걱정 속에서 낭비하며 보낸다.
그러나 우리가 하는 걱정의 40퍼센트는
전혀 발생하지 않을 일에 대한 걱정,
40퍼센트는 이미 지나가버린 일에 대한 걱정,
12퍼센트는 남의 시선에 대한 걱정,
8퍼센트는 건강에 대한 걱정이다.
그러므로 걱정의 대부분은 필요가 없는 것들이다."
걱정과 불안에서 탄생되는 징크스.
나를 옥죄는 징크스를 과감하게 버리자.
징크스는 오도방정 상상력, 1인용 고정관념이다.

71
재 료

김치를 담글 때 필요한 것은
배추, 무, 마늘, 고춧가루······
밥을 짓기 위해 필요한 것은
쌀, 보리, 물, 불······
그러나 행복은 재료가 필요 없다.
오직 마음에 달렸다.

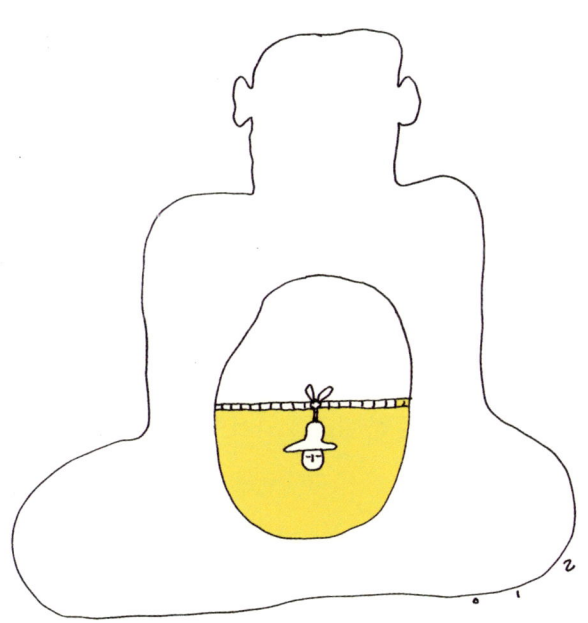

72
다이어트

살찐 사람은 살찐 대로,
빼빼 마른 사람은 마른 대로 다 매력이 있다.
타고난 것을 비정상적으로 고치려 하지 마라.
정작 중요한 것은 정신의 다이어트다.
우리는 신생아 때 그야말로
천진무구한 마음을 가지고 태어난다.
그러나 살아가면서 딱딱하게 굳은살이 박인다.
욕심, 자기 주장, 분노, 미움, 편견 등이 들러붙는다.
비곗살처럼 우리 정신을 에워싸고 들러붙어 있는
'욕심의 삼겹살'을 깎아내자.

73
심봤다!

우리는 산삼 같은 배우자, 산삼 같은 아이들, 산삼 같은 친구들을
혹시 도라지처럼, 더덕처럼 여기고 있지는 않은가?
설령 도라지, 더덕일지라도
내가 "심봤다!" 하고 산삼처럼 귀하게 여겨준다면
그들은 산삼이 될 수 있다.
상대방은 내가 대접해주는 대로 변하게 마련이다.

74
재건축

앙드레 지드가 말했다.
"결혼이란 날마다 새롭게 건축해야 하는 가건물이다!"
그렇다. 결혼이란 가건물은 우리가 끊임없이
재건축하지 않으면 폭삭 무너져버릴 만큼 나약하다.
날마다 새롭게 '여보 하우스'를 리모델링하자.

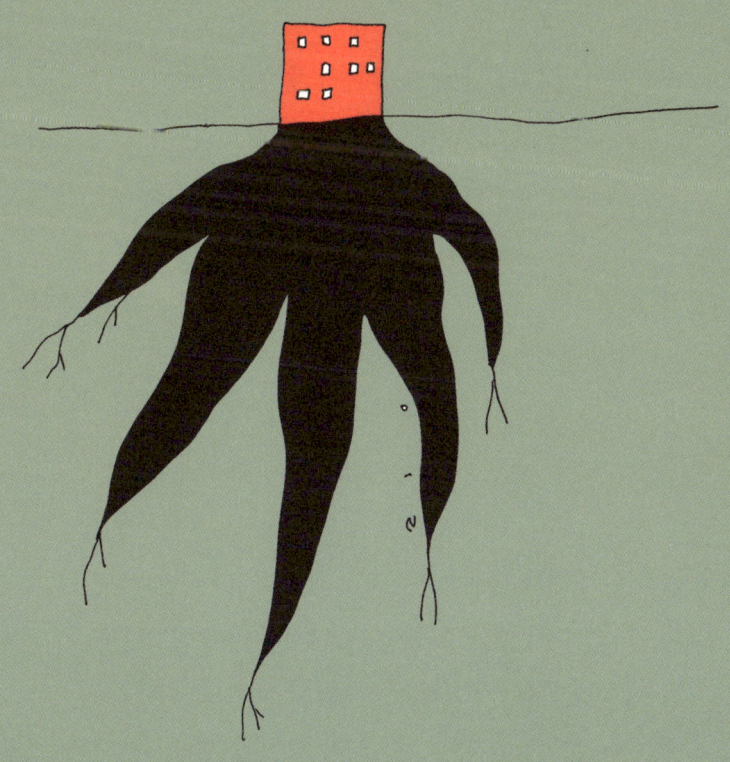

75
생각의 시스템

《탈무드》- 우유통에 빠진 세 마리 개구리 이야기가 나온다.
첫 번째 개구리 "이크, 난 죽었다! 꼴까닥!"
두 번째 개구리 "그래도 조금은 노력해봐야겠지?
아, 역시 난 안 돼! 꼴깍!"
세 번째 개구리 "흥! 내가 고작해야 니깟 우유 땜에 죽을 것 같아?
포기하면 내가 아니지! 난 기필코 살아날 거야!
내 운명은 내가 만든다고!"
세 번째 개구리는 죽기 살기 다리를 아래 위로 휘저었다.
결국 우유는 버터로 변하고,
세 번째 개구리는 무사히 밖으로 살아나왔다!
우리는 하루에도 몇 번씩 크고 작은 우유통에 빠진다.
그럴 때마다 생각의 시스템이 어떻게 가동되는지?
그것에 따라 운명은 완전히 달라진다.

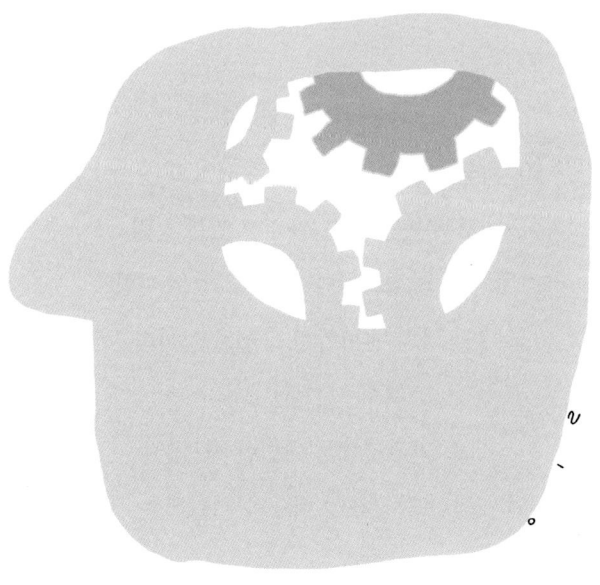

76
커닝

인간은 완벽할 수 없다.
100퍼센트 완벽한 인간은 존재하지 않는다.
내가 부족한 것을 가지고 있는 사람,
내가 갖고 싶은 것을 갖추고 있는 사람.
그를 나의 벤치마킹 모델로 삼아라.
그래서 그를 커닝하라.
소심한 사람은 대범한 사람을
비관적인 사람은 낙천적인 사람을 커닝하는 것이 좋다.

77
첫사랑

첫사랑은 첫사랑일 뿐이다.
그것은 가슴속에서만 유효하다.
가슴 밖에서는 지워버려라!
그것이 사랑을 보존하는 유일한 방법이다.

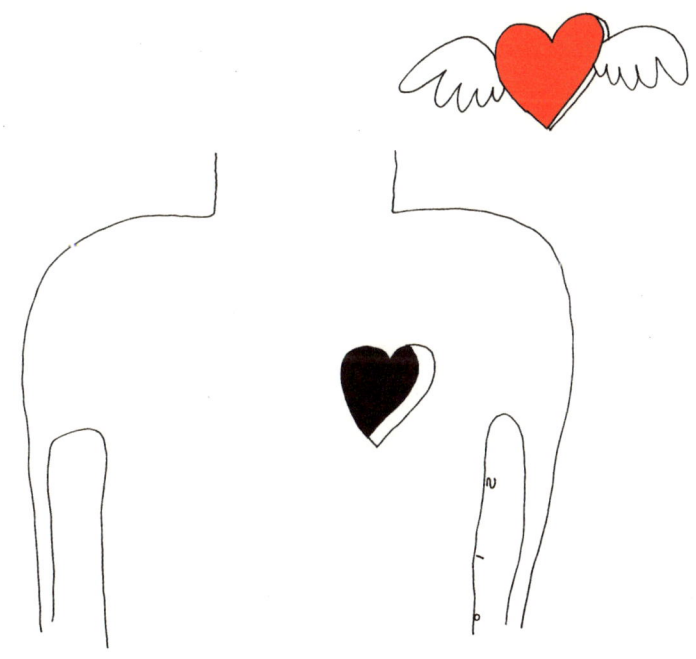

78
열 정

실력이 좀 부족하면 어떤가?
하려고 애쓰는 '빨간색' 열정만 있으면 되지.
얼굴이 좀 안 받쳐주면 어떤가?
나이가 좀 많으면 어떤가?
날마다 새롭게 태어나는 '파란색' 열정만 있으면 되지.

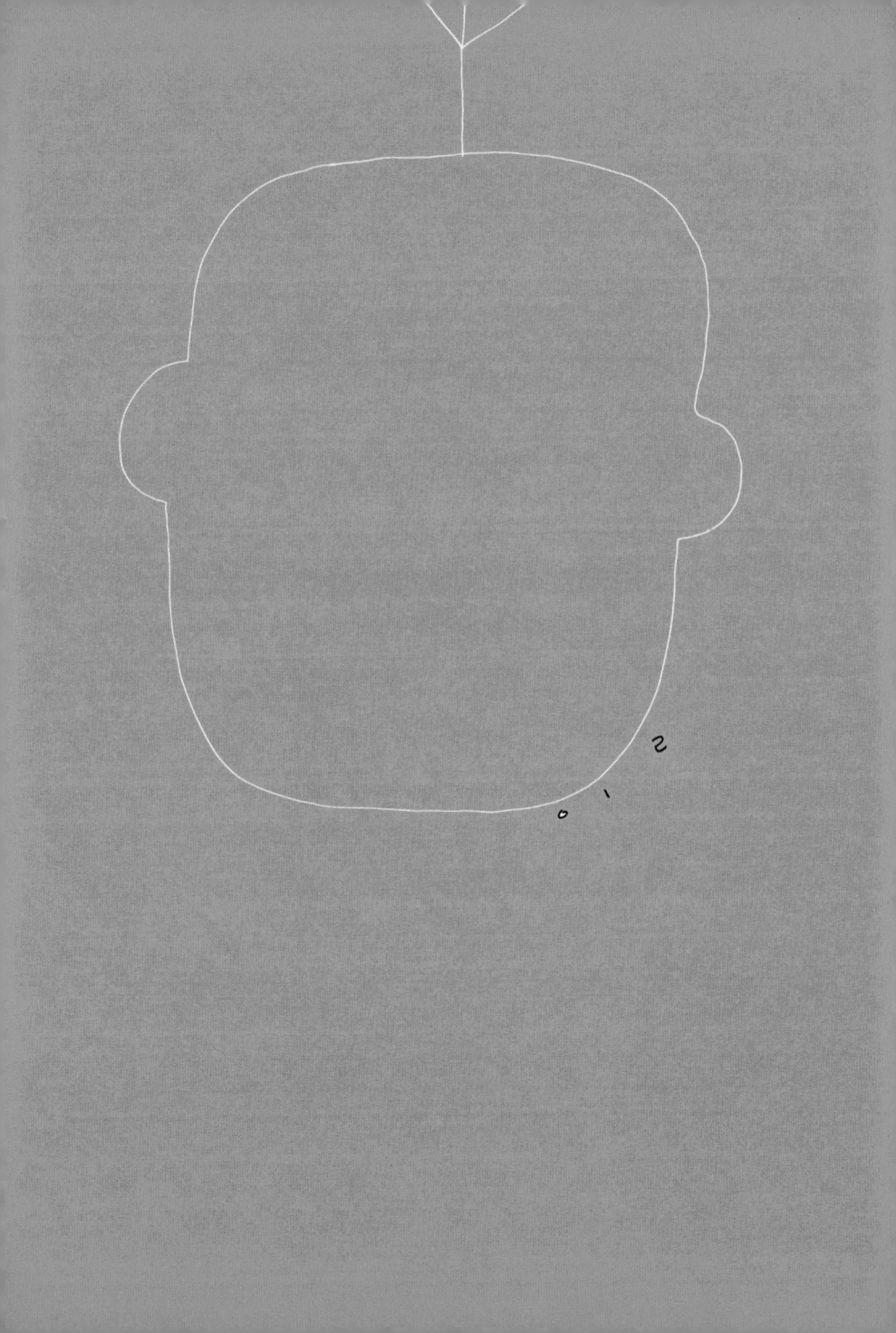

79
감동 호르몬

우리가 즐겁게 웃을 때 우리 몸 속에서는
항체 호르몬 엔도르핀이 나온다.
최근 미국 의학계가 발표한 연구 결과를 보면
엔도르핀보다 무려 5천 배나 더 강력한 호르몬이 있다.
다이도르핀이다.
이것은 우리가 살아가면서 감동을 받았을 때
우리 몸에 생성되는 감동 호르몬이다.
이와 반대로 '악마의 호르몬'이라고 불리는 아드레날린은
불쾌하거나 미움 같은 감정이 우리를 사로잡을 때 생성된다.
자, 어떤 호르몬을 분비하면서 살아가겠는가?

80
분리 수거

분리 수거는 인생에서도 필요하다.
재활용할 것은 소중하게 다시 사용하고,
그렇지 못한 것은 과감히 버리는 것이 경제적인 삶이다.

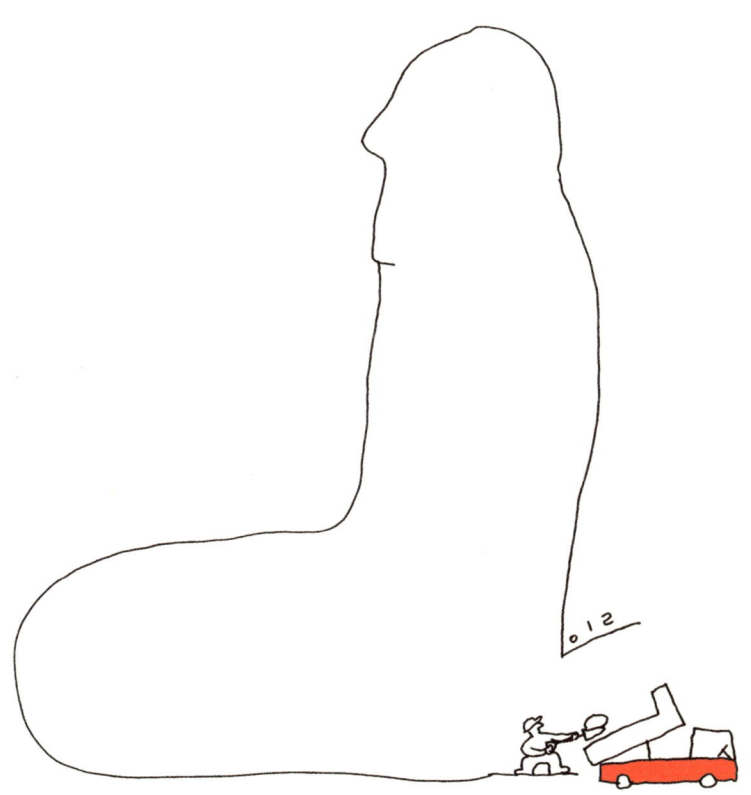

81
경 영

사랑도 경영이다. 행복도 경영이다.
그러나 'hand made'가 아니라
'heart made'라는 것이 핵심 포인트!

82
정리해고

뮈든지 내일로 미루는 게으름은 과감하게 정리해고하자.
불신, 미움, 편견, 분노, 좌절감 등
찾아보면 정리해고할 것들은 한두 가지가 아니다.
마음속에 그런 것들이 많을수록 우리 인생은 부도나기 쉽다.
작은 것에도 감사하고 기뻐하는 소박함,
남을 배려하는 사랑,
힘들어도 '얍!' 하고 솟아오르는 자신감 등은 다다익선!

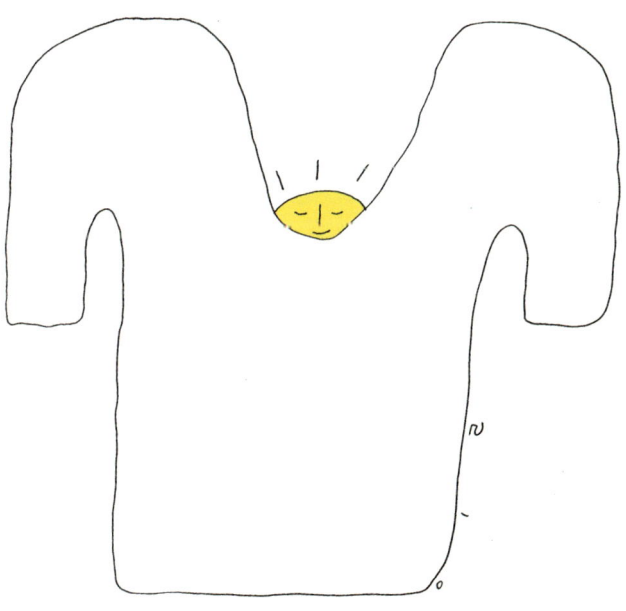

83
빛나는 돌

2개의 원석이 있었다.
세월이 흘러 2개의 원석은 완전히 다르게 변했다.
하나는 광채 없이 흐릿하게, 또 하나는 반짝반짝 빛났다.
그 이유는 무엇일까?
흐릿한 돌은 겨우 8번 깎였고,
빛나는 돌은 800번 이상 깎였던 것.
우리 인생도 무수히 깎여야 한다.
깎이는 순간은 비록 고통스러울지라도
결국 눈부신 광채로 빛나게 된다.

84
신비

접시를 컴퓨터로 바꿀 수는 없다.
개미를 공룡으로 바꿀 수는 없다.
그러나 사람은 다르다.
완전히 100퍼센트 달라질 수 있다.
그것이 사람만의 위대함, 사람만의 신비로움이다.

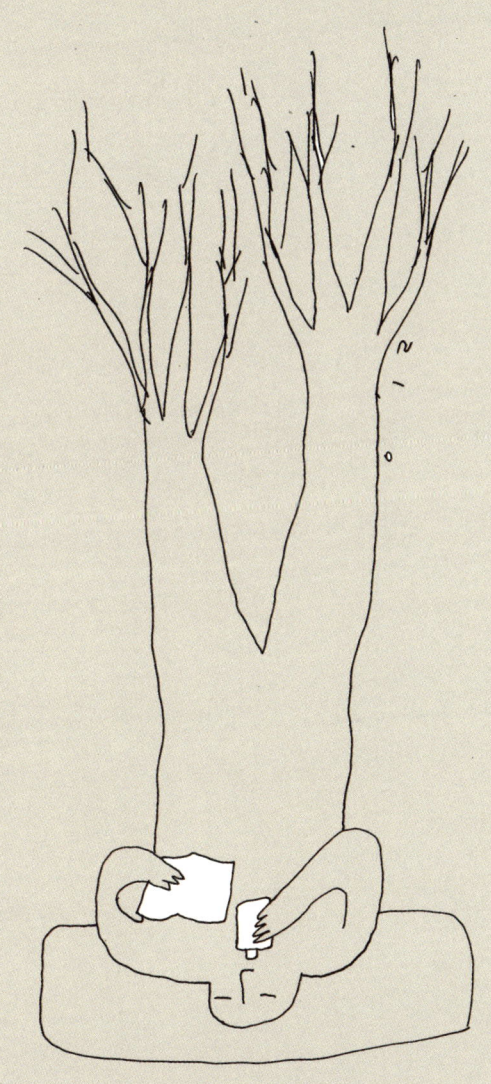

85
기록

기록은 발전의 첫걸음이다.
기록을 토대로 아이디어가 생긴다.
자신의 기억을 기록하지 않으면 도로 아미타불.

86
우울증

우울증의 이유는 의사소통이 안 되기 때문이다.
하수구가 막혀 있으면 물이 내려가지 못한다.
막히면 시궁창으로 변하고 역겨운 냄새가 난다.
우리들 가슴도 이런저런 감정들이 막혀서 밖으로
방출되지 않으면 우울증이라는 시궁창으로 변한다.
그래서 사람들과 대화를 해야 한다.
대화를 나누다보면 가슴속 노폐물이 저절로 빠져나간다.

87
복권

천문학적인 당첨금을 주는 다양한 복권들이
오래전부터 성행하고 있는 외국의 경우,
해외 토픽에서 그 통계를 본 적이 있다.
놀랍게도 당첨자의 85퍼센트 정도가 파산하고
알거지가 되었다는 것이다.
그 통계는 우리들에게 말한다.
현재의 평화가 세상의 어떤 '복권' 당첨보다도 더 소중하다는 것.
현재 내 인생의 평화 속에서 진짜 '로또 복권'을 찾아보라는 것.
숨은 그림처럼 여기저기 흩어져 있는
즐거움, 설렘, 웃음, 희망······
그것들이야말로 인생의 로또 복권이다.

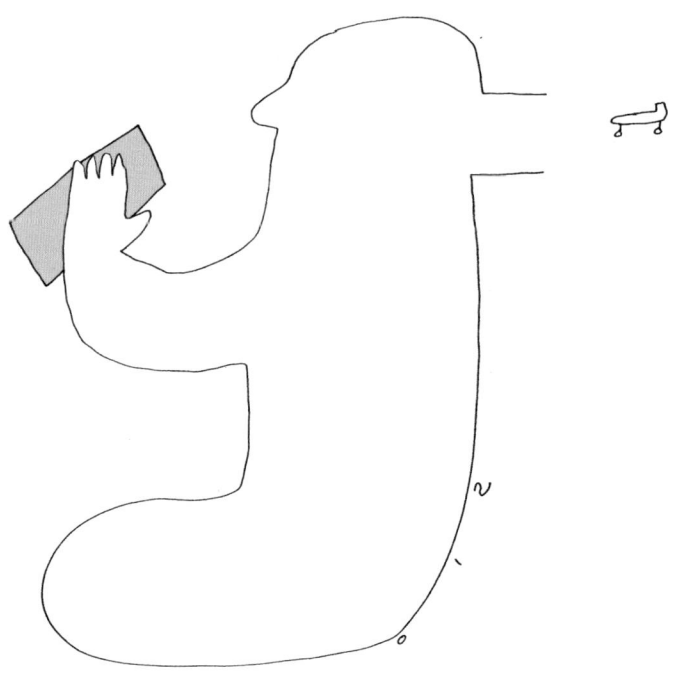

88
반대편

자신감.
넌 할 수 있어! - 긍정 에너지.
자만심.
어흠, 난 잘났어! - 교만 에너지.

89
인생 올림픽

사람들은 노벨상이 가장 좋다고 말한다.
내 생각에 노벨상보다 더 좋은 상이 있다.
노벨상 형님뻘 되는 상.
그것은 바로 노력상이다.
같은 '노' 씨 가문이지만 노력상이야 말고 최고의 상이다.
그렇다. 인생 올림픽에서 우리는 최소한
3개의 금메달은 목에 걸어야 한다.
노력상, 도전상, 웃음상.

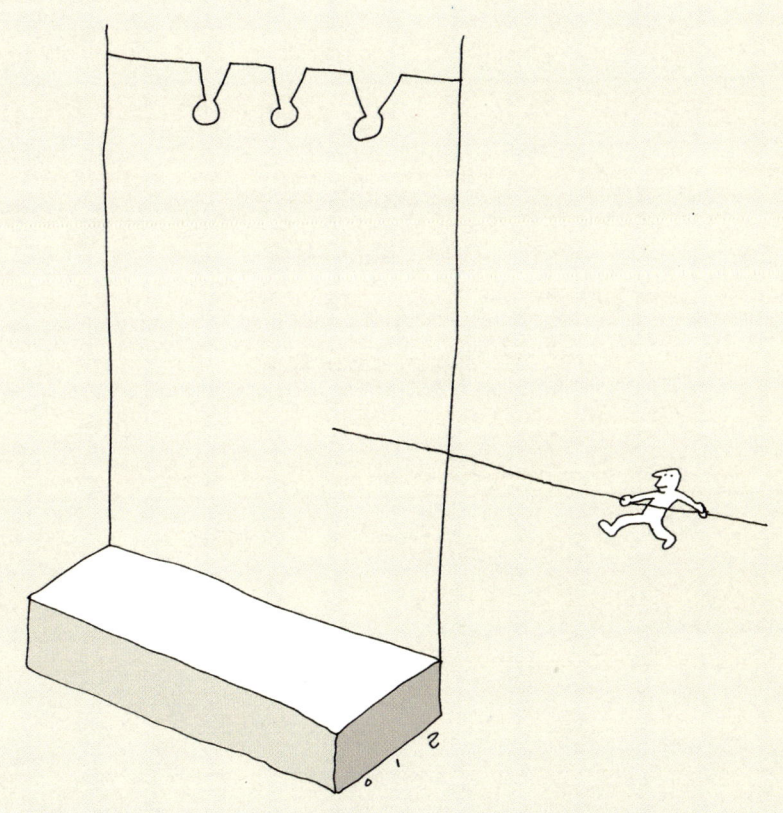

90
확실한 분류

꽃등심 먹고도
징징☹거리면 불행.
돼지껍질 먹고도
하하☺ 웃으면 행복.

91
가장 이쁜 사람

도와 줄 것 없나······
호시탐탐 주변을 살피는 사람.
웃을 것 없나······
사사건건 하하 호호 웃는 사람.

92
나무

천둥 번개 치는 날, 나무는 고요하다.
함박눈 쏟아지는 날, 나무는 따뜻하다.
햇살 반짝이는 날, 나무는 찰랑찰랑 웃는다.
나무를 껴안고 입맞춤하면
전신을 관통하는 빛살 에너지.
바쁜 일상에 쫓겨 나도 모르는 사이에 잊고 살다가
지친 어느 날 슬며시 고개 들어 바라보면
그 모습, 그대로, 그 자리에
이렇게 멋진 이성이 또 있을까?
아, 짜릿해!

93
가장 어리석은 사람

좀 더 열심히 할껄, 좀 더 잘 해줄껄······
'껄껄'형 인간.

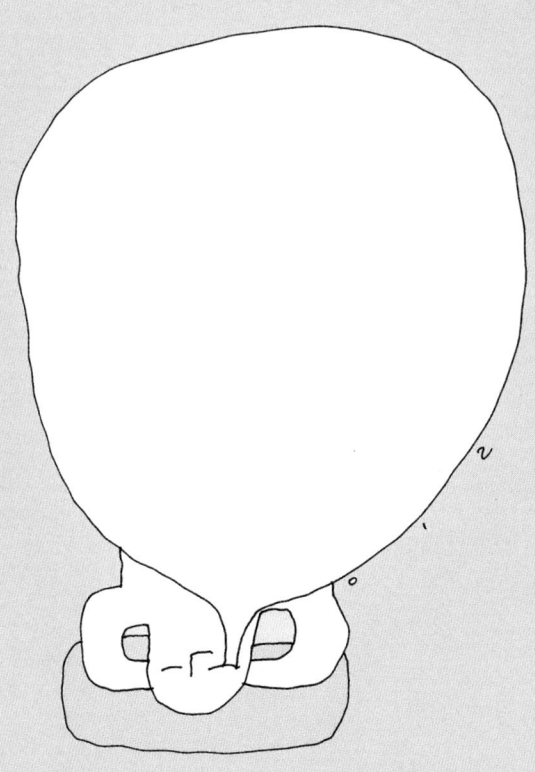

94
최진사 댁 세 딸

첫째 딸 이름, 최대.
둘째 딸 이름, 최고.
셋째 딸 이름, 최선.
이 중에서 젤 이쁜 딸은 최선!

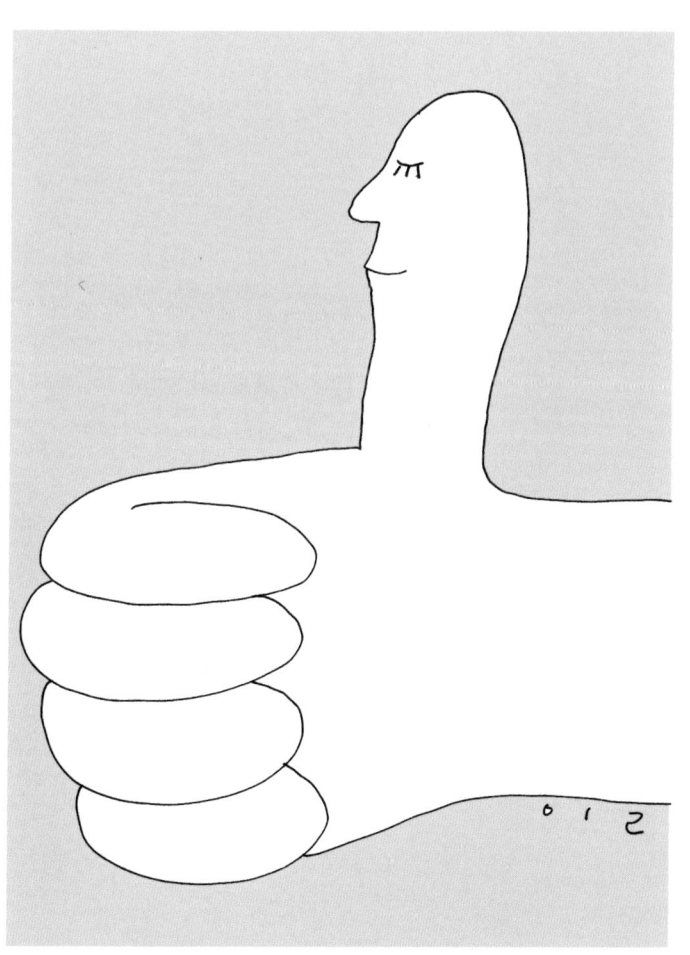

95
반문

사람들은 간혹 내게 묻는다.
어쩌면 그렇게 좋은 사람들을 많이 만나시나요?
나는 오히려 반문한다.
눈을 크게 뜨고 찾아본 적 있으세요?
먼저 다가가 그들의 가슴을 똑똑 노크해본 적 있으세요?
그냥 스쳐 지나가버리면
아무것도 볼 수 없고, 아무것도 느낄 수 없다.
감동하기 위해선 내가 '먼저' 다가가야 한다.

96
칭기즈 칸

가난하다고 말하지 마라. 나는 들쥐를 잡아먹으며 연명했다.
배운 게 없다고 말하지 마라. 나는 내 이름자도 모른다.
불우하다고 탓하지 마라.
나는 어려서 고아가 되었고, 고향에서 쫓겨났다.
포기하고 싶다고 말하지 마라.
나는 목에 칼을 쓰고 도망쳤고, 뺨에 화살을 맞고도 살아났다.
그러나 나는 남의 말을 들을 줄 아는 '귀'를 가졌다.
그 귀는 나에게 가르쳤다.
'적'은 밖에 있는 게 아니라 내 안에 있다고!
그 귀가 가르쳐준 대로 살다보니 나는 세계를 제패했고,
내 이름은 칭기즈 칸이 되었다.

97
힘

영화 〈밀리언 달러 베이비〉에 이런 대사가 나온다.
"권투는 너무나 힘든 스포츠야.
니 몸을 망가뜨리고 코뼈도 부러뜨리지.
그러나 니가 그 고통을 무서워하지 않고 '즐기기만' 한다면!
니 몸에서는 신비한 힘이 솟아날 거야."
그렇다. 우리가 인생의 고통을 두려워하지 않고 즐길 수만 있다면!
우리의 몸에서는 특별한 힘, 신비한 에너지가 솟아나올 것이다.

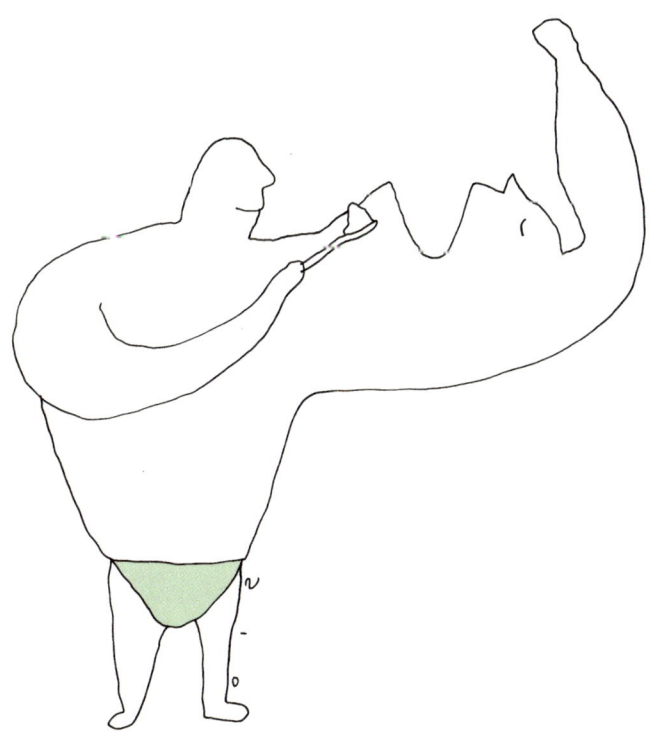

98
잔 고

이화여자대학교 초대 총장이었던 김활란 씨.
그는 죽음을 앞두고 제자들에게 이런 유언을 남겼다.
"나는 이제 세상을 떠난다.
하느님께서 주신 능력을 100퍼센트 다 쓰고 간다.
그러므로 내가 죽거든 장송곡을 틀지 말고 행진곡을 틀어다오."
지금 당장 나를 점검해보자.
지금 내 잔고는 얼마나 남아 있을까?
내 능력의 창고엔 무엇이 사용되지 못하고 쌓여 있을까?
잔뜩 묻은 먼지를 털어내고 한 번도 바깥바람을 쐬어보지 못한
'가엾은 내 능력'을 찾아 꺼내보자.

99
도 전

할 수 없다는 것은 하기 싫다는 뜻이다.

— 스피노자

100퍼센트 맞는 말이다.
사람의 힘으로 해서 안 되는 것은 간혹 있다.
그러나 죽기 살기로 해서 안 되는 것은 거의 없다.
도전하고, 또 도전하라!

100
비상구

모든 갈등엔 화해할 방법이 '반드시' 있다.
모든 문제엔 해결책이 '틀림없이' 있다.
지금 상황에서 더 많이 행복해지는 방법,
지금 가진 조건으로 더 많이 웃고 사는 방법.
캄캄한 절망 속에서도 희망의 비상구는 반드시 존재한다.
우리가 포기하지 않고 찾기만 한다면!

101
행복 자판기

어느 날 문자 메시지가 날아왔다.
행복과 사랑을 송금했어요······
짜증날 때 꺼내 쓰세요.
비밀번호는 당신의 방긋 웃음!
문자 메시지는 나에게 행복 자판기를 선물해주었다.
커피 자판기는 동전을 넣어야 커피를 뽑을 수 있지만
행복 자판기는 방긋 웃음만으로도 행복을 뽑을 수 있다.
가슴속에 '행복 자판기' 하나씩 만들면 어떨까?

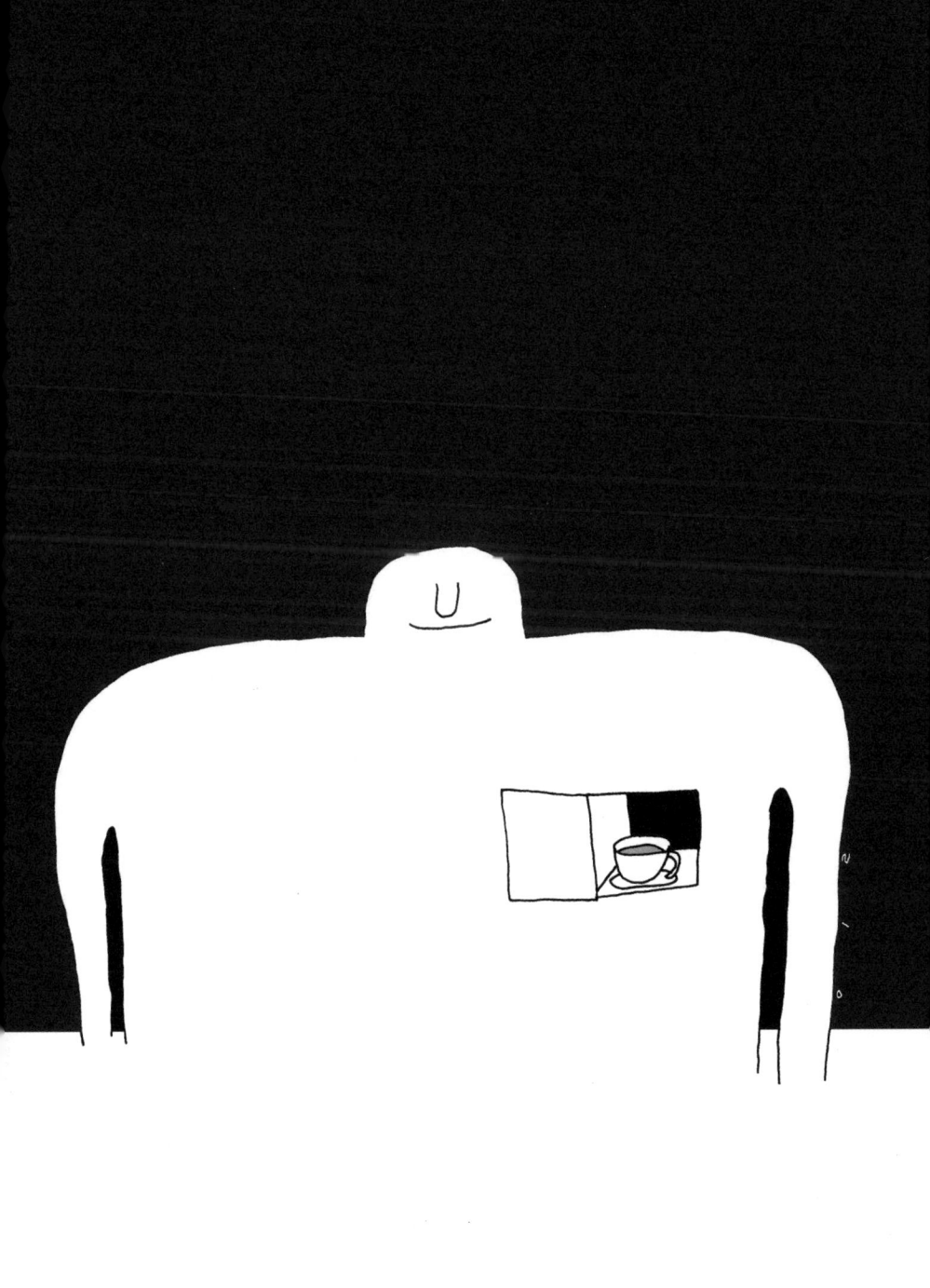

102
오늘의 식단표

아침······ 연초록 아스파라거스 한 잎
　　　　　붉은 당근 한쪽
　　　　　투명한 희망 한 컵
점심······ 산낙지 같은 열정 한 접시
　　　　　고뇌, 방황, 기쁨, 갈등 각각 한 조각씩
저녁······ 소심한 돼지갈비 1개
　　　　　터프한 양파, 화끈한 마늘, 바람둥이 대
　　　　　파로 끓인 청국장 같은 반성 한 사발
새참······ 詩 한 톨, 음악 500mg, 깻잎에 돌돌 말아
　　　　　싼 행복. 그리고 이 세상에 존재하는 모
　　　　　든 종류의 웃음들 하하호호, 깔깔껄껄,
　　　　　가가갈, 큭큭, 푸하하······

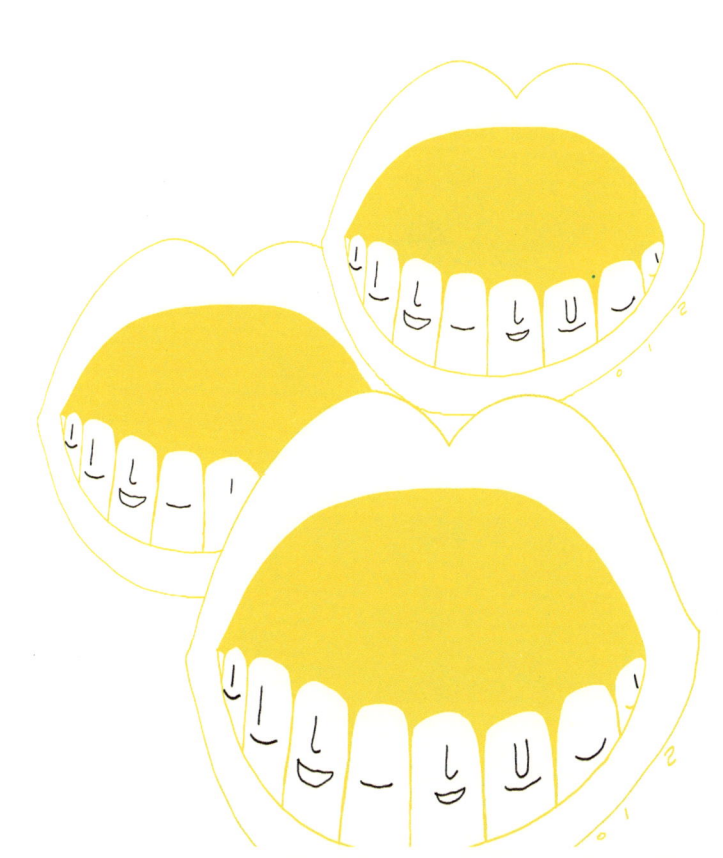

아무리 행복한 사람도 슬픈 일이 있게 마련이고
아무리 불행한 사람도 행복한 일이 있게 마련이다.
어느 쪽을 바라보고 사느냐,
그것이 행복과 불행을 결정한다.

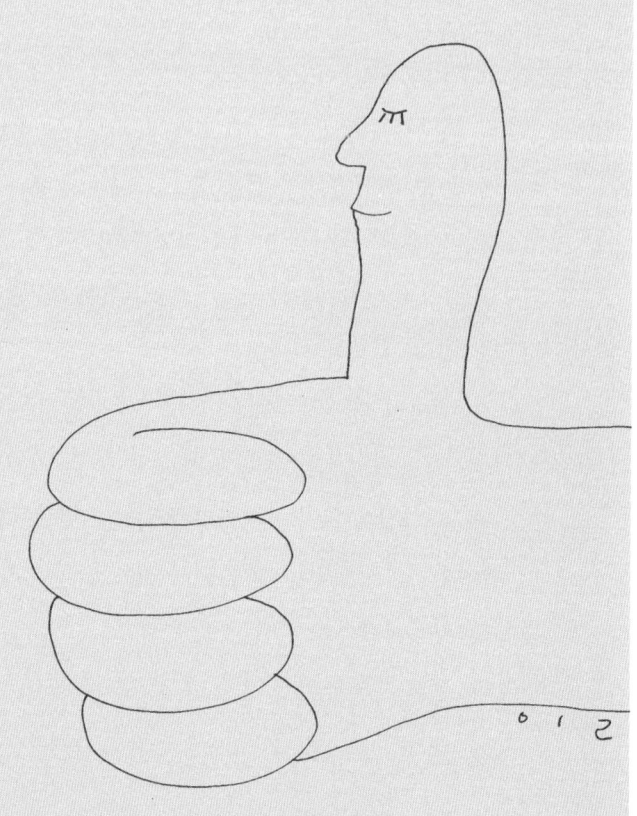

에 필 로 그

화장실에서 희귀한 다이아몬드를 주웠다!

 SBS 러브FM 〈김영철, 조갑경의 춤추는 2시〉에 출연을 하고 방송국 화장실에 들렀다. 그런데 안에서 청소를 하던 미화원 아줌마가 나를 보더니 내 손을 덥석 잡고 이렇게 말했다.
 "어머, 선생님! 선생님 책을 읽고 얼마나 감동했는지 몰라요! 선생님을 꼭 만나고 싶었는데…… 드디어 만났네요!"
 그러면서 공책을 디밀었다.
 "여기 사인 하나 해주세요! 안방에 걸어놓고 날마다 볼래요."
 나는 웃으면서 살짝 몸을 배배 꼬았다.
 "아휴, 나같이 모자란 사람한테 뭐 배울 게 있다고!"
 "어머…… 선생님은 저에게 굉장한 힘을 주고 계셔요. 우리 같은 밑바닥 사람들도 얼마든지 행복하게 살 수 있다고 말씀하시잖아요. 선생님 책을 읽으면 우리 같은 사람들도 희망과 용기가 생겨요!"

그때 우리 옆에는 어떤 여자가 손을 씻고 있었다. 그녀는 호기심이 많은지 우리의 대화를 흥미진진하게 듣고 있는 듯했다. 그러더니 나에게 명함 한 장을 불쑥 내밀었다. 하얀 명함에는 이렇게 적혀 있었다.

'도서출판 나무생각 주간 한순'

나는 생전 처음 만나는 그녀에게 방긋 웃으며 이렇게 말했다.

"어머, '나무생각' 보다는 '남자생각'을 많이 해야 행복하실 텐데!"

화장실은 웃음바다로 넘쳐 흘렀다. 하하 ^*^ 호호 ^*^

그리고 며칠 후 나에게 이메일이 날아왔다.

'혹시 기억나시나요? 방송국 화장실에서 만난 나무생각! 선생님 시간 되실 때 한번 만나고 싶어요.'

나는 그 즉시 수첩을 펼쳤다. 날마다 새벽부터 밤까지 눈썹을 휘

· · · · · · ·

날리며 전국에 강의하러 다니는 내가 누구를 만난다는 것은 사실 그리 쉬운 일은 아니다. 역시나 나의 수첩은 하루도 빠짐없이 스케줄로 꽉꽉 차 있다. 그러나 만나고 싶은 사람은 꼭 만나야 한다! 한순 주간은 왠지 영혼이 '땡' 기는 사람이었다.

며칠 후 틈새 시간을 활용해서 그녀를 만났다. 우리는 너무 짧은 시간이 아쉬웠다. 깔깔 웃으며 100퍼센트 의기투합, 완벽한 가슴 소통!

그녀는 나에게 〈유쾌 시리즈〉 책을 만들고 있는데 《유쾌한 행복 사전》을 만들자고 제안했다. 그렇게 딱 한 번 만나서 금세 우르릉 쾅~ 친해질 수 있는 사람을 만났다는 사실이 그저 신기했다. 그것도 화장실에서 우연히!

나는 신기한 보석을 주운 느낌이 들었다. 보석 중에서도 가장 빛나는 다이아몬드~ 바로 그 '인간 다이아몬드' 한순 주간이 만들

어준 책이 《유쾌한 행복사전》이다.

　햇살이 가득한 창가에 앉아서 재스민 차를 마시듯, 그렇게 향기로운 책이 되고 싶어서 세상에 태어난 《유쾌한 행복사전》.

　품격 높은 삽화로 책의 가치를 높여준 최고의 아티스트 강일구 선생님, 그리고 얼마 전 꽃신부가 된 정지현 팀장에게도 깊은 감사의 마음을 전한다.

행복 디자이너 최윤희의
유쾌한 행복사전

초판 1쇄 발행 2006년 9월 18일
초판 8쇄 발행 2010년 7월 26일
지은이 | 최윤희
그린이 | 강일구
펴낸이 | 한 순 이희섭
펴낸곳 | 나무생각
편집 | 정지현 이은주
디자인 | 이은아
마케팅 | 김종문 이재석
경영지원 | 김하연

출판등록 | 1998년 4월 14일 제13-529호
주소 | 서울특별시 마포구 서교동 475-39 1F
전화 | 02)334-3339, 3308, 3361
팩스 | 02)334-3318
이메일 | tree3339@hanmail.net
홈페이지 | www.namubook.co.kr

ⓒ 최윤희, 2006

ISBN 89-5937-118-1 03810

값은 뒤표지에 있습니다.
잘못된 책은 바꿔 드립니다.